회복되는 교실

회복되는 교실

회복적 질문과 서클로 만들어 가는 관계 중심 생활교육

ⓒ 김훈태

2024년 1월 29일 처음 펴냄
         10월 31일 초판 2쇄 찍음

글쓴이 | 김훈태
편집부장 | 이진주
기획 · 편집 | 설원민, 서경, 공현
출판자문위원 | 이상대, 박진환
디자인 | 이수정, 박대성
제작 | 세종 PNP

펴낸이 | 김기언
펴낸곳 | 교육공동체 벗
사무국 | 최승훈, 이진주, 설원민, 서경, 공현
출판등록 | 제2011-000022호(2011년 1월 14일)
주소 | (03971) 서울시 마포구 성미산로1길 30 2층
전화 | 02-332-0712
전송 | 0505-115-0712
홈페이지 | communebut.com
카페 | cafe.daum.net/communebut

ISBN 978-89-6880-183-9 03370

회복
되는 교
실

회복적 질문과
서클로 만들어 가는
관계 중심
생활교육

김
훈
태 씀

교육공동체벗

'회복'은 우리에게 위로를 주는 말입니다. 건강이든, 사업이든, 관계든 무언가 악화된 상황일 때 우리는 회복을 원합니다. 더 이상 나빠지지 않고 예전처럼 좋아지기를 바라지요. 회복적 정의가 주목받는 것은 그 이름이 주는 위안 때문이기도 할 것입니다. 그래서인지 회복적 정의는 치유적 정의, 관계적 정의와 같은 이름으로 불리기도 합니다. 그런데 회복적 정의는 단순히 위안을 주는 것에 그치지 않습니다. 우리가 당연하게 여기고 살았던 사고방식에 의문을 제기하고 좀 더 정의로운 방식으로 사고할 것을 제안합니다.

가해자 처벌 중심에서 피해자 회복 중심으로

회복적 정의는 기존의 처벌 중심적 사법에 대한 반성에서 시작된 운동입니다. 형사 사법은 처벌이 중심이다 보니 갈등이나 범죄 사건이 벌어졌을 때 처벌할 대상부터 찾습니다. 누가 잘못했는지, 누구에게 책임을 물을지가 주요 관심사입니다. 이러한 관심은 가해자를 처벌하면 끝이 납니다. 다시 말해, 응보가 이루어지면 사건에 대한 관심도 사라집니다. 응보를 문제 해결과 동일시하기 때문입니다.

가해자와 피해자가 있다고 할 때, 우리는 누구의 목소리에 더 귀 기울여야 할까요? 당연히 고통스러워하고 있는 피해자겠지요. 가해자 처벌보다 더 중요한 것은 피해자와 공동체가 입은 피해를 회복하는 일입니다. 갈등이나 범죄 사건에서 피해가 발생했을 때 우선 관심을 가져야 할 대상은 그 일로 영향을 받은 사람들입니다. 누군가 소중한 물건을 빼앗겼다면 훔친 사람을 처벌하기 전에 그 물건이 피해자에게 어떤 의미였는지, 그 일 이후에 피해자는 어떤 고통을 겪었는지 등에 관심을 기울여야 합니다. 가해자 또한 처벌과 별개로 피해자의 이야기를 귀 기울여 들어야 합니다. 그럼으로써 자신의 잘못을 인정할 수 있고, 피해 회복을 위해 자기 책임을 다할 수 있습니다. 그런 기회를 얻어야 가해자도 회복될 수 있습니다. 이것이 회복적 정의가 추구하는 정의로운 해결입니다.

새로운 사회를 위한 회복적 정의

유엔마약범죄사무소^{UNODC}에서 펴낸《회복적 사법 프로그램을 위한 핸드북》에서는 회복적 사법(정의)을 이렇게 소개합니다.

"회복적 사법은 가해자, 피해자, 지역공동체가 참여하여 사법의 정의를 실현하기 위한 대안적 경로^{alternative pathway}를 제안하는 접근 방식이다. 이 방식은 피해자에게 문제 해결 절차에 안전하게 참여할 수 있도록 보장해 주고, 가해자로 하여금 자신의 행위로 인해 발생한 피해와 그에 대한 책임을 인정하는 사람들이 피해를 입은 이들에게 책임 있는 태도를 가질 수 있는 기회를 마련해 준다. 범죄 행위란 단순히 법률 위반이 아니라 피해자와 공동체에 악영향을 끼친다는 인식에 기초하고 있다."[*]

20세기 후반에 등장한 회복적 정의 운동은 오늘날 재판을 비롯해 검찰과 경찰 단계의 사법 영역을 넘어 행정과 돌봄의 영역으로까지 확장되었습니다. 회복적 정의의 정신에 기반해 공동체를 새롭게 혁신하고자 하는 '회복적 도시 만들기' 프로젝트도 세계적으로 진행되고 있습니다.[**] 시청과 시의회, 경찰서, 교육청, 학

---

[*] UNODC, 김재희 외 옮김(2021),《회복적 사법 프로그램을 위한 핸드북》, 박영사, 3~4쪽.
[**] www.euforumrj.org/en/restorative-cities. '회복적 정의를 위한 유럽 포럼'에서

교, NGO 등 여러 기관이 회복적 정의의 모토 아래 유기적으로 연결되고자 하는 것입니다. 최초의 회복적 도시라 일컬어지는 영국의 헐Hull을 비롯해 리즈, 브리스톨, 리버풀, 뉴질랜드의 왕가누이, 호주의 캔버라, 미국의 오클랜드 등의 도시가 대표적입니다.* 회복적 정의는 이제 사법에서 벗어나 새로운 사회를 위한 비전으로 발전하고 있습니다.

교육 영역에서 회복적 정의는 회복적 생활교육이라는 이름으로 발전해 왔습니다. 회복적 생활교육은 사실 '회복적 훈육 Restorative Discipline'입니다. 훈육도 교육의 한 부분입니다. 생활지도로서의 훈육과 학습지도로서의 수업은 학교교육의 두 축입니다. 회복적 학교를 만들기 위해서는 훈육과 수업을 포함한 교육 그 자체에 회복적 정의의 철학을 접목할 필요가 있습니다.

회복적 정의를 기반으로 한 교육 관련 책들도 계속 출간되고 있습니다. 이 분야의 고전이라 할 수 있는 로레인 수투츠만 암스

는 회복적 도시에 대해 다음과 같이 설명합니다. "어느 사회에서나 갈등은 발생할 수 있지만, 인간 존엄성을 존중하면서 최선의 해결책을 함께 모색하며 갈등을 관리하는 방법을 배우는 것이 중요하다. 이를 위해 회복적 정의는 사람들이 서로를 분리하는 대신 합의를 추구하도록 돕고, 고통을 낳는 불의를 되돌릴 수 있는 방법을 함께 찾으며, 사람들이 서로 의지하도록 가르치는 귀중한 도구이다. 최근 몇 년 동안 유럽에서는 지역의 회복적 공동체들의 다양한 경험이 발전했다. 시민, 학교, 직장, 문화 및 스포츠 협회, 법 집행 전문가 등이 함께 모여 자존감과 소속감, 삶의 질을 높이는 '회복적 도시'라는 운동이 만들어졌다. 이러한 회복적 공동체는 법과 정치에 의해 부과되는 도덕적 가치가 아니라 공정, 연대, 사회적 응집력에 대한 개인적 경험으로서 민주사회의 정의라는 기본적인 인간 가치에 의존한다."

* 이재영(2020), 《회복적 정의, 세상을 치유하다》, 피스빌딩, 149~167쪽.

투츠와 쥬디 H. 뮬렛의 《학교현장을 위한 회복적 학생생활교육》, 케이 프라니스의 《서클 프로세스》를 비롯해 최근에는 캐서린 에반스와 도로시 반더링의 《회복적 교육》, 린지 포인터와 캐틀린 맥고이, 해일리 파라의 《회복적 정의를 어떻게 배울 것인가》 등이 나오기도 했습니다. 교육이 온전히 회복될 때 사회도 다시 건강해질 수 있습니다. 회복적 교육은 회복적 사회를 만드는 원동력이 될 것입니다.

안타깝게도 우리 사회는 점점 더 응보적 사회가 되어 가는 듯합니다. '참교육'이라는 소중한 가치가 '통쾌한 응징' 따위의 의미로 변질된 것을 보아도 그렇습니다. 모든 갈등 사안을 법대로 처리하려는 경향이 강해지면서 사회의 모든 영역이 사법화되고 있습니다. 이것은 학교도 마찬가지입니다. 학교폭력 사안을 생활기록부에 기재하라는 정책이 발표되면서 학교는 소송의 장이 되었습니다. 학교폭력을 처리하는 방식도 사법 절차를 그대로 가져오는 바람에 학교는 교육 기관이 아닌 사법 기관처럼 변했습니다. 여기에 「아동학대범죄의 처벌 등에 관한 특례법」(아동학대처벌법)이 강화되면서 무분별한 신고로 고통받는 교사가 늘었습니다. 학교폭력 사안 처리와 악성 민원, 아동학대 신고 등으로 교사들의 직업 만족도는 바닥으로 떨어져 조기 퇴직이 줄을 잇고 있습니다.

회복적 정의는 개인과 공동체의 필요를 채우는 방식으로 접근합니다. 서클을 통해 구성원 모두의 이야기를 듣고 내적 욕구를 충족시킬 수 있는 방안을 찾습니다. 그러나 현실은 그러한 열망의 실현을 가로막는 제도적, 문화적, 정치적 제약이 존재합니다. 따라서 교육에서 회복적 정의는 참다운 교육을 가로막는 현실적 제약을 분석하고, 변화시키기 위해 할 수 있는 일을 찾는 방향으로 나아가야 합니다. 우리는 회복적 정의가 기존의 지배적인 권력 구조를 재생산하는 데 이용되지 않도록 경계해야 합니다. 회복적 정의의 비전을 실현하기 위해 정치적 논쟁과 참여를 피해서는 안 될 것입니다.[*]

관계 회복을 통한 교육의 회복

절망적인 교육 현실의 기저에는 불합리한 제도와 함께 '관계의 단절'이 숨어 있습니다. 가정에서 많은 아이가 관계의 단절을 경험합니다. 어린 시절 기본 욕구가 충족되지 않고 적절한 양육을 받지 못한 아이들은 대부분 부모와 애착 관계가 형성되어 있지 않습니다. 부모와의 관계 형성에 어려움이 있는 아이는 친구들과도 좋은 관계를 맺기 어렵습니다. 부모들도 예전에 비해 아이 키우는 일이 너무나 힘듭니다. 서로 돕고 배우며 함께 문제를 풀어가는 공동체 문화가 사라지고 없기 때문입니다. 학교에서 교사들

---

[*] 앤드류 울포드·아만다 네룬드, 김복기·고학준 옮김(2022), 《회복적 정의의 정치학》, 대장간, 62쪽.

역시 서로 간에 관계가 단절되어 외롭고 무기력한 경우가 많습니다. 이로 인해 교실에서 힘든 일이 벌어져도 교사 홀로 견뎌야 할 때가 많습니다.

우리는 어떻게 다시 연결될 수 있을까요? 어떻게 하면 관계의 단절에서 관계의 회복으로 전환할 수 있을까요? 회복적 교육의 궁극적 목표는 '관계 회복을 통한 교육의 회복'입니다. 건강한 관계를 가꿈으로써 교실은 자유롭고 즐거운 배움의 공간이 될 수 있고, 피해 회복 중심으로 갈등을 해결할 수 있습니다. 관계가 좋을 때 수업도 더 잘 이루어집니다. 생활지도와 학습지도는 분리된 것이 아닙니다. 이 책에서는 관계 회복을 위해 대화모임, 즉 서클Circle을 일상화할 것을 제안합니다. 서클은 둥그렇게 앉아 돌아가며 자기 이야기를 솔직하게 나누는 대화모임입니다. 갈등 예방과 갈등 해결뿐만 아니라 수업에서도 서클을 활용할 수 있습니다.

대화는 마음과 마음을 이을 수 있는 아주 좋은 방법입니다. 이때의 대화는 일방적인 말하기나 일방적인 듣기가 아닙니다. 마음을 알아주는 공감의 대화는 상처받은 자아를 치유하고, 무너진 관계를 회복시켜 줍니다. 인간의 존엄을 바탕으로 하는 존중과 책임의 대화법, 관계를 회복하는 대화모임이 우리에게는 절실히 필요합니다. 아무리 고통스러운 현실이더라도 우리에겐 그것을 이겨 낼 힘이 있습니다. 이른바 회복탄력성 또는 회복력Resilience입니다. 서클은 우리 내면에 잠재된 회복력을 키워 줍니다. 속마음을 솔직히 표현해도 공격받지 않는, 안전한 공간에서 우리는 회복적 문화를 만들어 갈 수 있습니다.

회복적 교육을 위해 전제하고 싶은 것은, 교육 기관은 사법 기관이 아니라는 점입니다. 사법화의 흐름은 공동체 구성원들이 갖고 있는 문제 해결 능력을 빼앗아 갑니다. 저명한 범죄학자 닐스 크리스티의 말처럼 '갈등은 공동체의 자산'입니다.* 갈등은 부조리한 권력관계를 바로잡을 기회를 주고, 구성원들 간의 욕구를 이해할 수 있게 하며, 잘못으로 인해 영향을 받은 사람들이 자기 목소리를 낼 수 있게끔 도와줍니다. 공동체 구성원들은 갈등을 정의롭게 해결하는 과정에서 회복력을 키울 수 있습니다. 성장하기 위해서는 때로 역경이 필요하고, 그것을 스스로 풀어 갈 때 마음의 근력인 회복력이 자랄 수 있습니다.**

자아, 균형 그리고 힘

이 책 전반을 아우르는 근본 가치는 자아, 균형 그리고 힘입니다. 대화가 가능하려면 힘이 필요합니다. 권력의 위계 구조가 형성된 상황에서 대화를 통한 문제 해결은 낭만적 환상인 경우가 많습니다. 그렇다고 상대방을 압도하는 물리력이 필요한 것은

---

* 닐스 크리스티, 손진·김성돈 옮김(2016), 〈자산으로서 갈등〉,《법학논고》, 56, 경북대학교 법학연구원, 169~192쪽.
** 김주환(2023),《내면소통》, 인플루엔셜, 60쪽.

아닙니다. 상대방이 대화 상대로 인정해 줄 수 있을 만큼의 힘이면 충분합니다. 그것은 단결된 정치적 힘일 수도 있고, 도덕적 힘일 수도 있으며, 자아의 힘일 수도 있습니다. 이때 주변의 따뜻한 지지와 공감은 당사자에게 큰 힘이 됩니다. 약한 쪽에 힘을 실어 empowering 양쪽의 힘이 동등해질 때 균형이 이루어집니다.

균형은 단지 대화 당사자들에게만 해당하는 게 아닙니다. 우리 삶의 모든 영역에서 균형이 필요합니다. 존중과 책임이 균형을 이룰 때 좋은 관계가 형성됩니다. 애정과 통제를 균형 있게 기울여 줄 때 아이들의 자존감이 건강하게 자랍니다. 단호함과 친절함의 균형이 교사에게 권위를 줍니다. 호감과 반감의 균형이 우리의 마음을 유연하게 해 줍니다. 다행히 우리에겐 어느 한쪽으로 기울어져 있음을 알려 주는 균형 감각이 있습니다.

내적 균형 감각이 발달한 사람은 자아가 건강합니다. 학교에서 아이들은 인간적으로 존중을 받으면서도 자기가 한 행동에 대해 책임지는 법을 꼭 배워야 합니다. 괴로울 수도 있고 귀찮을 수도 있지만 남에게 미루지 않고 자기 책임을 직면할 때, 균형 잡힌 자아로 성장할 수 있습니다. 부모와 교사는 그것을 도와야 합니다. 갈등을 겪고 어려움을 이겨 내면서 회복력을 키우는 것은 자아 발달에서 반드시 필요한 일입니다. 이것은 교육의 목적이기도 합니다. 서클을 통해 아이들은 다른 사람들 역시 자기처럼 고유한 자아가 있는 존엄한 존재임을 배울 수 있습니다.

이 책은 세 개의 질문으로 이루어져 있습니다. 1) 왜 회복적 정의일까? 2) 회복적 교육이란 무엇일까? 3) 회복적 관계는 어떻게 만들 수 있을까? 이 질문들을 서클의 방법으로 풀어 가고자 합니다. 자기중심적이고 비합리적인 세상의 흐름에서 벗어나, 건강하고 행복한 삶, 진실한 삶을 살기 위해 노력하는 분들에게 이 책을 바칩니다. 학교 안에서 비극적인 사건이 반복해서 벌어지는 지금, 교육이 바뀌어야 세상이 바뀐다는 말을 믿습니다. 함께 나누는 대화를 통해 진실한 길을 찾아 갔으면 합니다.

2024년 1월
김훈태

1부

왜
회복적
정의일까?

회복적 삶을 위한 십계명*

1. 나 자신을 타인과 제도와 환경의 그물망에 상호 연결된 사람으로 생각하고 모든 관계를 진지하게 받아들인다.
2. 나의 행동이 타인과 환경에 실제로 또는 잠재적으로 미칠 영향을 생각한다.
3. 나의 행동이 타인에게 부정적인 영향을 미친 때에는 회피하거나 부인할 수 있더라도 그 사실을 솔직하게 인정하고 피해를 바로잡는 책임을 진다.
4. 다시 만나지 않을 것 같은 사람, 존중할 필요가 없는 것 같은 사람, 나에게 피해를 주거나 나를 공격한 사람을 비롯해 모든 사람을 존중하는 마음으로 대한다.
5. 의사 결정 과정에서 결정에 영향을 받는 사람들을 최대한 참여시킨다.
6. 내 삶의 갈등과 피해를 기회로 받아들인다.
7. 타인의 말에 동의하지 않더라도 이해할 수 있도록 깊은 연민으로 경청한다.
8. 타인이 어려운 내용을 말하더라도 그들로부터, 그 만남으로부터 배울 수 있다는 자세로 타인과의 대화에 참여한다.
9. 타인과 상황에 대한 나의 '진실'과 나의 관점을 강요하지 않는다.
10. 성차별, 인종 차별, 계급 차별 등 일상적인 부정의에 민감하게 맞선다.

---

* 하워드 제어, 손진 옮김(2019), 《우리 시대의 회복적 정의》, 대장간, 302~303쪽.

회복적 정의의
주춧돌*

우리는 누구나 고유한 자아를 지닌

존엄한 존재이다.

나이가 많든 어리든,

장애가 있든 없든,

남자거나 여자거나 성적 지향이 어떠하든,

피부색과 종교, 출신 지역이 다르다 해도

우리는 누구나 똑같이 존엄하다.

---

* '회복적 정의의 주춧돌'은 이 책이 전하는 전체 내용을 압축하여 시처럼 만들어 본 것입니다.

따라서 우리는 서로를 존중해야 한다.

존중한다는 것은

내가 하고 싶은 대로 하는 게 아니라

귀를 기울여

상대방의 마음을 알아주는 것이다.

상대방의 생각과 감정, 욕구를 물어보고

그것에 공감하는 것이 진정한 존중이다.

그러나 동시에 우리는 책임을 피해서는 안 된다.

우리의 말과 행위는 서로에게 영향을 주며

의도치 않았더라도

누군가는 상처를 받을 수 있다.

그 영향에 대해 인식하고 직면하는 것이

책임의 첫발을 떼는 것이다.

따라서 우리의 원칙은 이러하다.

하나, 누구든 자기 목소리를 낼 수 있어야 한다.

둘, 누구든 자기 생각과 감정을 말할 수 있어야 한다.

셋, 우리가 무엇을 행하든 그것은 다른 사람에게 영향을 준다.

넷, 문제를 해결하려 하기 전에 당사자의 욕구를 이해해야 한다.

다섯, 누구든 자신의 문제를 스스로 해결할 수 있도록 도와야 한다.

서클의 철학

서클은 회복적 정의를 실현하기 위한 주요한 방법 중 하나로, 올바른 관계 형성과 관계 회복을 위한 대화모임입니다. 돌아가며 자기 이야기를 나누는 것만으로도 우리는 마음이 가벼워지고 친밀감이 생기는 것을 느낄 수 있습니다. 대화 속에서 상대방의 생각, 감정, 욕구를 알 수 있고, 피상적이었던 관계가 좀 더 단단하게 이어지게 됩니다. 이것이 가능한 이유는 우리 모두 마음 깊은 곳에서 하나로 연결되어 있기 때문입니다.

연결을 위한 서클

우리는 친밀한 인간관계 없이 살아갈 수 없는 사회적 존재입니다. 2023년 5월 미국의 공중보건서비스단[PHSCC]에서 발간한 보고서 〈외로움과 고립감이라는 우리의 전염병Our Epidemic of Loneliness and Isolation〉*에 따르면 외로움은 담배를 날마다 15개비 피우는 것만큼이나 위험합니다. 일상에서 외로움과 고립감은 학업 성취도와 업무 효율을 떨어뜨릴 뿐만 아니라 바이러스 감염이나 호흡기 질환에 더 취약한 상태로 만듭니다. 그리고 많은 경우 정신적 어려움을 동반합니다. 지속적인 외로움은 불안과 우울로 이어질 수 있습니다.

코로나19 팬데믹 이후 전 세계적으로 인류는 관계 단절의 후유증을 앓고 있습니다. 아이들은 규칙적인 생활 습관과 학습 태도가 무너졌고, 관계 맺는 법을 배우지 못해 갈등이 더 많이 벌어지고 있습니다. 또한 갈등을 제대로 해결하지 못해 사법 기관에 도움을 청하는 경우가 늘었습니다. 안타깝게도 법적인 절차를 밟게 되면 관계는 더욱 악화됩니다. 이것은 어른들도 마찬가지입니다. 행복하고 건강한 삶을 살기 위해 우리는 사회적 연결에 더 많은 노력을 기울여야 합니다. 그중 한 방법이 서클입니다.

이따금 외로움을 느끼는 것이 꼭 나쁜 것만은 아닙니다. 외로움은 자기 성찰의 기회를 주고, 관계에서 진실로 중요한 것이 무엇인지 찾게끔 도와줍니다. 내면 깊은 곳에서 우리는 모두 연결

---

* www.hhs.gov/sites/default/files/surgeon-general-social-connection-advisory.pdf

되어 있지만, 일상의 층위에서는 각자 독립되어 있습니다. 우리는 연결감 속에서 사랑을 느끼고 서로에 대한 책임을 갖습니다. 동시에 우리는 각자 자유로운 삶을 추구합니다. 삶의 다양한 층위를 이해하는 것은 갈등 예방과 해결에 큰 도움을 줍니다.

삶의 층위

서클을 통해 우리가 배우는 것은 연결감과 함께 우리 모두 서로 다르고 자유롭다는 점입니다. 일상의 층위에서 우리는 독립적인 삶을 살아가며 각자의 자유를 갖습니다. 자유로운 행위에는 그만큼의 책임이 따릅니다. 그리고 그 책임을 통해 자유의 확고한 기반을 갖출 수 있습니다. 책임을 온전히 질 수 없는 사람은 그만큼 자유로울 수 없고, 자유는 어느 정도 제약을 받을 수밖에 없습니다. 아직 자아가 독립하지 못한 아이들의 경우 특히 그렇습니다.

아이들은 학교에서 또래 친구들과 담임 교사를 비롯한 어른들과 관계를 맺으며 자아가 성장합니다. 아이들에게 완전한 자유가 주어지지 않는 것은 자기 통제가 부족하기 때문에 보호하고 도와주기 위해서입니다. 아이들은 자유에 상응하는 책임을 배워야 합니다. 만약 잘못을 저질렀다면 감당할 수 있을 만큼의 책임을 지는 것이 성장에 도움이 됩니다. 갈등 해결에 서클을 활용하는 것은 책임을 직면해야 하는 아이들에게 아주 인간적인 기회를 제공하기 때문입니다. 회복적 정의는 처벌 없이도 책임을 배울 수 있음을 알려 줍니다.

이때 교사나 부모에게 필요한 마음가짐은 진실에 대한 감각을 갖추는 것입니다. 아이가 잘못을 저질렀을 때 진실로 필요한 것은 매뉴얼에 따른 처벌이나 맹목적 위로가 아닙니다. 아이가 책임을 피하려고 거짓말을 하거나 억울함을 호소하고 있다는 사실을 알면서도 그 아이에게 필요한 것이 무엇인지를 찾는 것입니다. 때로는 그 과정에서 처벌이 필요하다면 적절한 처벌을 하는 것도 나쁘지 않습니다. 다만 그 목적이 아이의 성장과 회복에 있음을 잊어서는 안 됩니다.

분리 연습

보통 교사들은 직업 특성상 반감보다 호감이 강한 편입니다. 다시 말해, 착한 성향이 많기 때문에 대체로 책임감이 강합니다. 그것이 과도해지면 아이들의 감정까지 책임지려는 태도를 갖기도 합니다. 이로 인해 많은 교사가 스트레스를 받고, 심하면 번아웃

증세가 오기도 합니다. 이때 기억해야 할 것은 아이의 감정은 아이의 것이라는 사실입니다. 교사가 아이의 감정까지 책임지고 해결하려는 것은 그 아이의 삶을 침해하는 행위일 수 있습니다. 이것은 가정에서도 똑같습니다. 부모 역시 아이의 감정에 공감해 줄 수는 있지만 같이 화를 내거나 속상해하면 곤란합니다. 그런 과도한 공감은 무엇보다 아이의 자아 성장에 도움이 되지 않기 때문입니다.

발달 단계에 따라 어린아이들에게는 더 많은 애정과 이해가 필요합니다. 그러나 아이들 역시 자아를 가진 고유한 존재입니다. "내가 할 거야"라는 표현이 그 증거입니다. 학업이나 관계에서 어려움을 느끼는 주체, 잘못을 저지르고 그 문제를 해결하는 주체는 당사자인 아이입니다. 우리는 커다란 사랑으로 아이를 바라보되 문제를 대신 해결해 주어서는 안 됩니다. 지나친 책임감과 과도한 공감은 교사에게도 아이에게도 긍정적 영향을 주지 않습니다.

공감은 상대방과 똑같은 감정이 되는 게 아닙니다. 공감은 상대방의 입장에서 그 감정을 확인해 주는 일 그 이상도 이하도 아닙니다. 마음을 알아주는 선에서 끝나야지, 똑같은 감정 상태가 되거나 그 감정을 대신 해소해 주려고 한다면 또 다른 문제가 발생합니다. 상대방은 분리된 인격체이므로 자유가 있고, 나 역시 자유가 있습니다. 우리는 다만 요청에 따라 도와줄 수 있을 뿐입니다. 이렇게 일상의 층위에서 분리하는 훈련은 매우 중요합니다.

상대방의 자유와 내 자유의 분리, 할 수 있는 일과 할 수 없는 일의 분리, 존재와 행위의 분리는 늘 연습해야 할 요소입니다.

서클의 목적

어떤 아이든 잘못된 행위에 대해서는 책임을 져야 합니다. 다만 존재 자체는 존엄하기 때문에 변함없이 존중받아야 합니다. 다른 친구를 때리거나 욕설을 했다면, 그 행동에 대해 잘못을 인정하게 하고 재발하지 않도록 엄격한 훈육을 해야 합니다. 그러나 아무리 심한 잘못을 저지른 아이여도 낙인찍거나 모욕해서는 안 됩니다. 관계 형성이 제대로 안 된 상태에서 교사에게 심한 처벌을 받거나 서클에서 친구들에게 비난이나 놀림을 당하는 일이 벌어지면 아이는 수치심을 이겨 내지 못할 수도 있습니다. 따라서 문제 해결 서클을 하기 전에 교사는 반드시 당사자인 아이와 따로 사전 작업을 해야 합니다.

교사는 아이들을 지도할 때 자신이 할 수 있는 일과 할 수 없는 일을 명확히 구분할 수 있어야 합니다. 할 수 있는 일은 최선을 다해 하고 할 수 없는 일은 겸허히 내려놓을 때 주어진 힘을 적절히 사용할 수 있습니다. 그 구분이 불명확해지면 스스로도 고통스럽고 반 아이들도 제대로 도울 수 없습니다. 가령 관계 형성 서클을 통해 아이들의 관계를 더 돈독하게 만들 수는 있어도, 소원해진 관계를 당장 친밀하게 만들 수는 없습니다. 갈등이 벌어졌을 때, 문제 해결 서클을 진행하는 것은 할 수 있지만 화해를 이뤄 내는 일은 교사가 할 수 없는 일입니다. 그것은 당사자들의 몫입니다. 교사는 그 과정을 제공할 뿐입니다.

서클을 진행하면서 참가자들의 표현에 마음이 심하게 요동친다면 좋은 진행자라고 할 수 없습니다. 진행자는 평정심과 함께 적절한 텐션tension을 지속적으로 유지하는 게 좋습니다. 그것이 어떤 목적의 서클이든 진행자가 할 일은 무언가를 가르치는 게 아니라 참가자들이 편안하게 자기 이야기를 할 수 있도록 돕는 것입니다. 참가자들이 자기 개성을 자유롭게 드러내고 서로 공감하며 연결되는 분위기를 만들 수 있다면, 그 서클은 이미 성공적이라고 할 수 있습니다.

서클에 대해
좀 더 알아보기

서클은 둥그렇게 앉아 돌아가며 자기 이야기를 나누는 대화모임입니다. 처음에는 어색하고 어렵게 느껴질 수도 있지만 익숙해지면 아주 합리적이고 인간적인 대화 방식입니다. 일상적으로 서클을 자주 한다면 갈등을 예방할 수 있고, 초기 갈등이라면 쉽게 해결할 수 있습니다. 서클은 갈등 문제뿐만 아니라 수업에서도 얼마든지 활용할 수 있고, 회의의 방법으로도 이용할 수 있습니다. 서클의 규칙은 크게 보아 하나입니다. 토킹스틱Talking Stick(또는 토킹피스Talking Piece)을 들고 있는 사람만 말을 하고 다른 사람은 잘 듣는 것입니다.

서클의 준비물과 기본 형식

서클에는 물리적으로 진행자와 참가자들 그리고 토킹스틱과 센터피스Center Piece가 필요합니다. 토킹스틱은 이야기를 함께 나누기 위해 필요한 도구입니다. 인형이나 나무 조각, 돌멩이, 깃털 등 무엇이든 의미 있는 물건이면 됩니다. 센터피스는 공간 한가운데에 두는 물건인데 이 역시 제약은 없습니다. 서클의 주제에 걸맞은 꽃 화분이나 촛불도 좋고 시선을 끄는 작은 물건이어도 좋습니다. 센터피스가 없어도 서클 운영에는 별문제가 없습니다.

©한국평화교육훈련원 KOPI

서클은 크게 '열기, 대화, 닫기' 세 단계로 이루어집니다. 열기에서는 참가자들을 따뜻하게 환영합니다. 시를 읽거나 놀이, 연주, 명상 등을 하며 분위기를 편안하게 만듭니다. 진행자는 서클을 여는 목적을 소개하고 자신이 가져온 토킹스틱의 의미에 대해 소개합니다. 서클의 규칙은 반복해서 설명해 주는 게 좋습니다. 앞서 제시한 기본 규칙 외에 '서클은 처음부터 끝까지 유지되어야 한다', '서클에서 나온 이야기는 비밀이 보장되어야 한다' 등 새로운 내용을 추가할 수도 있습니다. 서클이 끝나고 닫기를 할 때는 간략하게 닫는 의식을 행하고 진행자로서 소감을 말하면 됩니다.

서클에서 대화의 형식은 '여는 질문, 주제 질문, 실천 질문, 닫는 질문'으로 구성됩니다. 여는 질문에서는 긴장을 줄이고 참여도를 높일 수 있는 가벼운 근황 질문이나 '몸과 마음의 상태가 어떤지', '훌쩍 떠난다면 어디에 가고 싶은지', '키우고 싶은 반려동물이 있는지' 등 재미있고 재치 있는 질문을 던집니다. 편안하면서도 진지하게 대화모임에 참여할 수 있도록 진행자는 상황에 맞는 질문을 미리 준비해 두면 좋습니다.

이어서 그날의 서클 목적에 맞는 주제 질문을 합니다. 새 학기 서클이라면 '올해 자신만의 목표가 있는지', '우리 반은 어떤 교실이 되었으면 좋겠는지', '친구들에게 바라는 게 있는지' 등의 질문 두세 개를 준비해서 대화를 나눌 수 있습니다. 일상적인 서클에서는 부담 없이 나눌 수 있는 주제가 좋고, 특정한 목적이 있다면 그 목적에 알맞은 질문을 구상해야 합니다. 상투적이거나 부정적인 질문을 지양하고, 참신하고 긍정적인 질문을 던져야 참가자들의 적극적인 참여를 이끌 수 있습니다. 심각한 주제를 다룰 때도 시작할 때는 긍정적인 질문부터 던지는 게 좋습니다.

실천 질문은 함께 실천할 일과 개인적으로 실천할 일, 단기적 실천과 중장기적 실천을 나누어 묻습니다. 지금 당장 할 수 있는 작은 실천도 고민하게끔 한다면 서클이 끝나도 공허한 마음이 들지 않습니다. 닫는 질문은 대화를 나누고 난 소감, 즉 서클을 통해서 배운 점과 느낀 점, 새롭게 알게 된 점 등을 묻는 것입니다. 짧더라도 닫는 질문을 할 때와 그냥 끝낼 때의 차이가 큽니다. 진행자가 시간 배분을 잘해서 소감을 나누며 마무리할 때 참가자들은 여운을 길게 가져갈 수 있습니다.

서클 진행자의 역할

서클에서는 참가자들이 자기 이야기를 편안하고 자유롭게 할 수 있어야 합니다. 진행자가 뭔가를 가르쳐 주거나 해결책을 제시하는 방식이 아닙니다. 문제 해결 서클이 아닌 이상 뚜렷한 해법은 찾지 못해도 괜찮습니다. 자기를 솔직하게 드러낼 수 있고, 다른 사람의 이야기를 편안하게 들으며 관계를 형성할 수 있도록 돕는 것이 일상적인 서클의 주요 목적입니다. 평소 생각하지 못했던 주제에 대해 함께 고민해 보고 공감하며 서로를 더 잘 알아갈 수 있도록 돕는 것입니다.

그래서 서클의 진행자가 첫 번째로 할 일은 참가자들이 누구인지, 어떤 상태인지를 정확히 파악하는 것입니다. 막연하게 '이렇게 하면 되겠지' 하는 안일한 생각을 버려야 합니다. 참가자들이 학생이라면, 그 학년의 특성은 무엇이고 요즘 관심 있어 하는 것은 무엇인지, 또래 문화는 어떠한지 등 사전에 꼼꼼히 파악해서 준비해야 합니다. 어른들을 대상으로 서클을 할 때도 마찬가지입니다. 그리고 참가자들과 어떤 주제와 목적으로 서클을 할지 진행자는 명확하게 인지해야 합니다. 그래야 참가자들이 몰입할 수 있고 그만큼 만족도도 높아질 것입니다. 참가자들과 무엇에 대해, 어느 정도까지 깊이 들어갈지는 대상과 목적에 대한 이해가 분명할 때 가능합니다. 이 부분은 경험이 누적되면 심화될 수 있습니다.

진행자로서 자신감을 갖는 것도 중요합니다. 진행자는 참가자들의 마음을 장악하는 힘이 필요합니다. 진행자가 자신 없어 하고 힘이 없으면 참가자들도 집중할 수 없습니다. 아무리 좋은 질문을 던져도 통제되지 않는 혼란스러운 분위기 속에서는 서클을 진행할 수 없습니다. 서클이 진행되고 있는데 한쪽에서 떠들고 돌아다닌다면 진행자로서 통제를 제대로 하지 못하고 있는 것입니다. 이런 상태에서 계속 진행하면 좋은 결과가 나올 수 없습니다. 대화는 참가자들이 모두 준비된 상태에서 시작해야 하기 때문입니다. 이럴 때는 집중해 주길 요청하고 모두 준비가 될 때까지 기다리는 게 좋습니다. 대화가 전반적으로 지루해지거나 분위기가 산만해지면 간단한 놀이를 하거나 휴식을 취할 수도 있습니다.

좋은 질문은 대화에 집중하게 만들고 지속시키는 힘이 있습니다. 참가자들이 현재 관심 있어 하는 이야기, 하고 싶은 이야기를 고려한 질문이 좋은 질문입니다. 어떤 경우에는 준비한 질문이 상황에 전혀 맞지 않을 수도 있습니다. 교실 분위기를 느끼며 상황에 따라 질문을 바꿀 수 있어야 합니다. '이 공간에서 참가자들이 요구하는 건 뭘까? 참가자들에게 정말 필요한 건 뭘까?' 진행자는 이런 질문을 스스로에게 던지며 창의적인 질문을 떠올려

서클의 기본 형식

단계	주요 질문
준비 (대상/목적)	- 누구와 서클을 하려 하는가? (대상에 대한 이해) - 왜 서클을 하려 하는가? (분명한 목적) - 어떻게 진행할 것인가? (서클 방식에 대한 고려)
열기	- 여는 의식(음악, 시, 놀이 등), 환영 인사, 소개, 규칙 안내
여는 질문	- 가볍고 유쾌하며 긍정적인 질문
주제 질문	- 서클을 통해 나누었으면 하는 문제 - '나 말하기' 방식으로 자기 입장에서 이야기하기
실천 질문	- 일상에서 무엇을 할 수 있는가? - 자신과 공동체가 실천할 내용
닫는 질문	- 서클을 통해 배운 점, 느낀 점, 기대 나누기
닫기	- 마무리 멘트, 인사, 닫는 의식

야 합니다. 그러지 않고 자기 스타일만 고집한다면 서클 진행이 더 어려워질 수도 있습니다.

진행자로서 참가자들을 의식하며 또박또박 명확하게 말하고, 닫기까지 적절한 긴장감을 유지하며, 시종일관 평정심을 유지하는 것 또한 중요한 과제입니다. 이러한 원칙들을 바탕으로 경험이 쌓이면 자연스레 진행 능력도 발전할 것입니다.

여는 질문 예시

- 지금 몸과 마음의 상태가 10점 만점에 몇 점인가요?
- 요즘 어떤 감정을 많이 느끼나요? 지금 기분은 어떤가요?
- 최근에 가장 행복했을 때는 언제인가요?
- 사흘의 시간이 온전히 주어진다면 무엇을 하고 싶은가요?
- 여행을 갈 수 있는 시간과 체력, 돈이 있다면 어디로 떠나고 싶나요?
- 요즘 관심을 갖고 있는 일이나 사람이 있나요?
- 근래 도움을 많이 받은 사람, 감사함을 표현하고 싶은 사람이 있나요?
- 만약 초능력이 생긴다면 어떤 능력을 갖고 싶나요?
- 반려동물을 키운다면 어떤 동물을 키우고 싶나요?
- 가장 좋아하는 노래는 무엇인가요? 요즘 주로 어떤 음악을 듣나요?

닫는 질문 예시

• 서클을 하고 나서 어떤 느낌이 들었나요?

• 지금 기분은 어떤가요? 소감을 간단히 말해 주세요.

• 활동하면서 어떤 점이 좋았나요?

• 새롭게 알게 된 것이나 배운 것이 있다면 무엇이 있나요?

회복적 정의란
무엇인가?

회복적 교육은 '교육에서의 회복적 정의Restorative Justice in Education'
또는 '학교에서의 회복적 실천Restorative Practices in Schools'이라는 이름
으로 발전해 왔습니다. 회복적 정의 운동은 사법 영역을 벗어나
다양한 분야에서 발전하면서 '회복적 실천'이나 '회복적 접근'으로
도 불리고 있습니다.

회복적 정의에서는 범죄 또는 잘못을 개인의 문제로만 보지
않고 공동체 전체의 문제로 바라봅니다. 그래서 피해 회복을 위
해 당사자뿐만 아니라 공동체 전체가 참여하는 방식을 택합니다.
이에 비해 응보적 정의에서는 법을 어긴 개인을 처벌하는 일에
집중합니다. 처벌은 법에 따라 국가가 하며, 그 기준은 오로지 법
에 있습니다. 실제로 잘못이 있었고 누군가 피해를 봤어도 입법

이 미비해 관련 법 조항이 없다면 놀랍게도 무죄가 됩니다.

회복적 정의의 관점에서 잘못이란 범법 이전에 피해를 발생시킨 행위입니다. 누군가에게 피해를 주는 행위는 관계를 훼손하고 신뢰를 무너뜨립니다. 따라서 훼손된 관계를 회복하고 신뢰를 쌓는 일이 응보적 처벌보다 더욱 정의로운 문제 해결의 길이 됩니다. 회복적 정의에서 피해자-가해자 만남이나 가족 간 대화모임, 문제 해결 서클 등을 하는 이유입니다.

인간을 바라보는 회복적 관점

회복적 정의가 기존의 응보적 정의와 다른 측면 중 하나는 인간을 바라보는 관점입니다. 응보적 정의에서 인간은 형벌이 없다면 누구나 범죄를 저지를 가능성이 있는 잠재적 범죄자입니다. 사법 절차에서 당사자 개인의 이야기는 중요하지 않습니다. 중요한 것은 국가 사법 시스템이고 엄정한 사법 절차입니다. 그러나 우리는 저마다 고유한 인격, 즉 자아를 가진 존재입니다.

회복적 정의에서는 한 인간의 핵심인 자아에 주목합니다. 원하지 않는 폭력 행위는 '내가 내 삶을 살아간다는 믿음', 즉 자아의 주체성을 훼손합니다. 폭력을 겪은 피해자가 자아의 약화로 인해 수치심과 모멸감, 분노, 두려움 등의 감정을 느끼는 것을 정확히 이해해야만 진정한 피해 회복이 가능합니다. 그러지 않고 단순히 가해자 처벌이나 금전적 보상에만 문제 해결의 초점을 맞춘다면 훼손된 자아의식은 치유되기 어렵습니다.

따라서 세간의 오해와 달리 회복적 정의에서는 용서와 화해를 1차 목표로 하지 않습니다. 피해자에게 용서와 화해를 강요하는 것은 또 다른 가해이자, 폭력이 될 수 있습니다. 용서와 화해는 철저히 피해자 개인이 선택할 문제이고 반드시 해야 할 일도 아니기 때문입니다.

회복적 정의는 피해자의 욕구 또는 필요를 섬세하게 고려해 그것을 충족하는 데 목표를 둡니다. 그리고 가해자가 자신의 책임을 수용할 수 있도록 돕습니다. 그 과정에서 처벌이 꼭 필요하다면 반대하지 않습니다. 문제는 오로지 처벌에만 초점이 맞춰져 있는 기존의 응보적 절차입니다. 회복적 정의에서는 응보적 정의가 사라져야 한다고 주장하지 않습니다. 회복적 정의 운동이 벌어지던 초기에는 응보적 정의를 대립적으로 이해했지만 현재는 양자가 상호 보완적으로 기능할 수 있음을 인정합니다.

피해자는 범죄로 인해 초래된 물질적, 신체적, 정신적 피해를 인정받고 싶고 사과받고 싶습니다. 그리고 자신뿐만 아니라 가족을 비롯해 주변 사람들이 범죄로 인해 받은 고통을 가해자에게 직접 알리고 싶은 마음이 듭니다. 그렇게 자신의 고통을 가해자 앞에서 이야기할 때 피해자는 자아의 힘을 회복할 수 있습니다. 피해자와 가해자를 분리하기보다 만남의 기회를 제공하는 것이 필요한 이유입니다. 이때 피해자와 가해자 사이에는 힘의 균형이 깨진 상태이므로 피해자에게 힘을 실어 주어야 합니다.

또한 피해자는 가해자가 왜 자신에게 그런 행위를 저질렀는
지, 가해 동기를 직접 듣고 싶어 합니다. 이 질문에 답을 들을 기
회가 없다면 피해자는 아주 오랫동안 이 문제로 고통을 겪게 됩
니다.

피해자-가해자 대화모임

피해자-가해자 만남을 통해 대화를 할 수 있다면 피해자는 사
과와 함께 재발 방지를 약속받고 싶어 합니다. 사과와 재발 방지
는 문제 해결에서 가장 기초적인 사항입니다. 그리고 손해가 있
었다면 그에 합당한 배상이 필요합니다. 만약 가해자에게 경제적
능력이 없다면 공동체 차원에서 피해자를 도울 수 있습니다. 회
복적 정의에서는 범죄 사건에서 가해자를 찾지 못하더라도, 또는
가해자를 처벌하지 못하더라도 피해자를 위해 할 수 있는 일이
얼마든지 있다는 것을 알려 줍니다.

대화모임을 통해 기본적인 욕구가 충족되고 상처가 치유되어
갈 때 피해자에게는 새로운 욕구가 생길 수 있습니다. 가해자가
뉘우치고 새로운 사람이 되기를 바라는 것입니다. 그리고 충분한
힘이 생겼다면 관계 회복을 원하기도 합니다. 물론 이것은 문제
해결이 정의롭게 진행될 때 가능한 일입니다.

회복적 정의는 가해자의 욕구에도 관심을 갖습니다. 자신의
잘못을 인정하는 가해자는 피해자에게 직접 용서를 구하고 상황

을 설명하고 싶어 합니다. 그리고 잘못된 행위에 대해 진심으로 사과하고 싶어 합니다. 왜냐하면 비난을 받고 낙인찍히기보다 자기가 왜 그렇게 했는지 이해시킬 수 있는 기회가 주어지기를 바라기 때문입니다. 궁극적으로 가해자 역시 자아를 가진 한 명의 인간이므로 피해자뿐만 아니라 가족 등 주변 사람들과의 관계가 정상적으로 회복되길 원합니다.

회복적 정의에 대해 많은 사람이 지나치게 이상적이라고 생각합니다. 하지만 실제로 적용하고 경험해 보면 대단히 현실적이고 효율적인 문제 해결 방식임을 깨닫게 됩니다. 이것은 자물쇠를 망치로 때려 부수기보다 열쇠로 열 수 있다는 단순한 상식에 가깝습니다. 인간의 존엄성을 인정하고, 당사자의 내적 욕구가 무엇인지 탐구하는 것이 바로 그 열쇠입니다. 인간에 대한 깊은 이해와 신뢰를 바탕으로 우리는 새로운 길을 열 수 있습니다.

이러한 회복적 정의와 함께 전환적 정의 또는 변혁적 정의 Transformative Justice에 대한 관심도 커지고 있습니다. 전환적 정의는 전통적인 응보적 해결을 지양한다는 점에서 회복적 정의와 맥락이 같습니다. 범죄 행위의 결과로 발생한 피해보다 범죄의 원인 및 사회의 구조적 결함, 범죄를 야기하는 사회 문제 등을 중심으로 근원적인 해결을 시도하고자 합니다. 회복적 정의 운동에서는 전환적 정의를 회복적 정의와 다르지 않다고 생각합니다. 회복적 정의가 곧 전환적 정의라고 보는 것입니다.

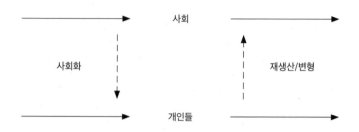

변형적 사회 활동 모델*

사회

사회화

재생산/변형

개인들

이는 사회학적 관점에서 자연스럽게 받아들일 수 있습니다. 행위 주체로서 개인들에게 절대적 영향을 주는 것은 사회 구조지만, 사회를 재생산하거나 변형시키는 주체는 개인들입니다. 사회와 개인은 상호작용합니다. 범죄나 갈등 사건이 벌어졌을 때 우리는 당사자들의 욕구를 고려해 피해 회복 중심으로 접근해야 합니다. 동시에 그러한 범죄 또는 갈등 사건이 벌어진 사회 구조에 시선을 돌려야 합니다. 구조적 원인을 도외시할 때 사건은 반복되거나 악화될 수 있기 때문입니다. 우리가 갈등 해결에서 갈등 전환Conflict Transformation**으로 나아가고자 한다면 회복적 정의와 전환적 정의를 통합해서 접근할 필요가 있습니다.

---

* 로이 바스카, 김훈태 옮김(2021),《자연적 필연성의 질서》, 두번째테제, 59쪽.
** 갈등은 인간관계에서 나타나는 자연스러운 현상이고, 갈등이야말로 변화의 동력이라는 관점을 갖는 것이 갈등 전환입니다. 갈등 전환에서는 갈등 해결과 갈등 관리를 포함하여 구조적 모순의 전환(변혁)에 초점을 맞춥니다(존 폴 레더락, 박지호 옮김(2018),《갈등 전환》, 대장간, 17쪽).

응보적 정의에 대해
알아보기

인류는 늘 정의를 추구해 왔습니다. 우리는 누군가 피해를 입었다면 마땅히 가해자가 책임을 져야 한다고 믿습니다. 심각한 범죄일수록 그만큼 책임도 무거워야 한다고 믿지요. 적절한 조치가 이루어지고, 배상과 함께 가해자가 다시는 범죄를 저지르지 않게 되었을 때 우리는 사건이 해결되었다고 봅니다. 사법은 사회 정의를 실현하기 위해 존재하는 것입니다. 따라서 도덕과 달리 법은 가해자의 행위를 강제할 수 있는 물리력을 갖습니다.

정의를 실현하기 위해 '법에 의한 지배'를 추구해 온 근대 사법 체계에서는 범죄를 형법에 위반되는 행위로 규정합니다. 입법부에서 다수결의 원리로 합의해 만든 법은 모든 사람이 지켜야 할 규범입니다. 따라서 법을 위반한 사람이 있다면, 사법 기관에 의해 엄하게 처벌됩니다. 엄밀히 말해 피해가 발생했기 때문에 가해자가 처벌받는 것이 아닙니다. 가해자는 법을 어김으로써 국가 질서의 근간을 흔들었기 때문에 벌을 받는 것입니다. 예를 들어, 타인에게 상해를 가한 사람은 '상해를 가해서는 안 된다'는 법률에 정면으로 도전했기 때문에 형벌을 받습니다.

형벌은 범죄와 비슷한 위해(危害)이기 때문에 사람들은 이에 대한 근거를 만들고자 했습니다. 그것이 응보주의와 예방주의 같은 형벌론입니다. 범죄를 저질렀으면 그에 응당한 책임을 져야 한다는 것, 죄를 지었으면 마땅히 벌을 받아야 한다는 것이 응보주의 형벌론입니다. 이에 대한 비판으로 나온 것이 예방주의입니다. 처벌은 범죄 예방을 목적으로 해야 한다는 것입니다. 엄한 형벌에 따른 공포심을 확산시켜 가해자의 재범뿐만 아니라 다른 사람들도 범법을 꿈꾸지 못하게 하는 것이 예방주의 형벌론입니다. 그러나 응보주의든 예방주의든 처벌 중심의 사법인 것은 같습니다.

기존의 사법 체계는 가해자를 잡아들여 처벌하는 데 초점이 맞추어져 있다 보니 필연적으로 피해자의 소외를 불러옵니다. 재판 진행 과정에서도 판사와 검사는 가해자와 주로 대화합니다. 피해자는 재판 일정을 통보받지 못하는 경우도 많고, 재판에 참여한다 해도 증인석이나 방청석에 앉아 발언 기회조차 얻기 어렵습니다. 또 가해자가 중형을 받는다 해도 피해자의 물리적, 정신적 피해는 제대로 보상받지 못합니다. 민사 소송을 해도 피해자는 충분한 보상을 받기 어렵습니다. 이에 대한 반성으로 20세기 이후 생겨난 것이 피해자학입니다. 피해자의 피해 회복을 중심으로 한 대안적 사법 체계로서 회복적 사법이 등장한 것은 1970년대에 들어와서입니다.

응보적 정의의 역사

고대의 법체계에서는 응보보다 공동체적 화해와 보상을 중시했습니다. 작은 공동체 사회에서 처벌은 공동체를 와해시킬 수 있는 위험성을 갖기 때문입니다. 따라서 권위 있는 리더의 중재를 통해 재통합할 수 있는 방안이 주로 제시되었습니다. 응보를 한다 해도 과도한 처벌을 지양했습니다. '눈에는 눈, 이에는 이'로 알려진 동해보복법은 사실 해를 끼친 만큼만 해를 가하라는 것으로 사적 복수나 과잉 보복을 금지하는 원칙이었습니다.

그러나 중세를 거치며 사회 규모가 커지고 국가의 힘이 강해지자, 사회는 법질서에 의해 통제되는 경향이 뚜렷해졌습니다. 통치자의 영향력이 점점 막강해지면서 범죄는 왕의 권위에 도전하는 행위가 되었습니다. 범죄자는 피해자에게 피해를 입혀서가 아니라 왕의 권위를 훼손했기 때문에 처벌받는 것이며, 벌금 역시 피해자가 아닌 왕에게 귀속되었습니다. 근대에 이르러 국민 국가가 탄생하고 공화제가 확립되면서 '왕의 지배'는 '법의 지배'로 전환되었습니다. 추상적인 법이 왕의 자리를 대신하는 만큼 그 권위는 더욱 강해졌습니다.

'죄를 지었으면 벌을 받아야 한다'라는 관념은 근대 사회에서 확고히 자리를 잡았습니다. 응보적 정의, 즉 처벌 중심적 사법이 완전히 자리를 잡은 것입니다. 좀 더 세밀히 들여다보면, 근대 사회에서는 국가의 기능이 막강해지고 개인주의 성향이 강해지면서 공동체가 약화되었습니다. 그 결과 사람들 사이에 존재하던 인정이나 도덕규범이 해체되며 남은 것은 사회의 골격 체계인 사법입니다. 이제는 갈등이나 분쟁, 범죄가 발생했을 때 공동체 내부에서 당사자 간에 문제를 해결하기보다 사법 기관에 곧바로 위탁합니다. 그리고 잘못한 사람에게 강력한 응보가 이루어지길 원합니다.

근대 사회와 응보적 정의

사법의 응보적 성격이 강해진 것은 자본주의 발달과도 관련이 깊습니다. 근대 이후 시장 경제가 발달하면서 경제 주체들은 국가의 통제로부터 독립하길 원했습니다. 동시에 자본가들은 재산 소유권을 보장받기 위해 강제력이 담보되는 실정법을 요구했습니다. 그러기 위해서는 역설적으로 강력한 국가 주권이 강조되어야 했습니다. 근대 사회에서는 경제적 자유와 재산권을 침해하는 행위에 대해 국가가 형벌로써 강하게 응보를 합니다. 국가 주권과 실정법의 강화는 사회 전반의 사법화를 불러왔습니다.

현실 세계에서는 분명히 잘못된 행위가 있고 누군가 피해를 입었다 하더라도 사법 세계에서는 범죄로 성립되지 않을 수 있습니다. 그런 경우 국가는 개입할 수 없고 어떤 조치도 취할 수 없습니다. 재판을 하더라도 무죄가 됩니다. 이러한 부조리는 근대 사법이 실정법 중심의 사법 체계이기 때문입니다. 실정법을 중시하는 근대 사법에서는 자연법론을 폐기하고 법실증주의를 지향합니다.* 법실증주의는 실제 현실을 반영하기보다 법전에 있는 조항과 논리만을 법적 판단의 근거로 삼기 때문에 사법 절차는 현실 논리와 유리되어 협소한 법적 논리로 환원되곤 합니다.

이런 이유로 법을 다루는 직군은 특권 의식이 형성되기 쉬운 조건이 되었습니다. 똑같이 범죄를 저질렀다 해도 판사와 검사는 기소될 확률도 적지만 기소된다 해도 솜방망이 처벌에 그치는 경우가 많습니다.** 그뿐만 아니라 재력이 있는 자본가들은 소위 전관예우가 통하는 변호사를 대거 고용하여 미꾸라지처럼 법망을 빠져나갑니다. '힘 있는 자들은 죄를 지어도 처벌받지 않는다'라는 통념은 현대 사회의 근본적 불의입니다. 대중이 요구하는 것은 정의로운 사회지만 그것이 더 강력한 엄벌주의나 사적 응징으로 이루어질 수는 없습니다. 오히려 근대 사법 체계 자체를 비판

---

* 실정법이 민족이나 사회에 따라 내용이 달라지는 것에 비해 시대를 초월해 영구불변의 보편타당성을 지닌다고 보는 법 개념이 자연법입니다. 법실증주의는 실정법만을 법으로 인정하는 사상입니다(정치학대사전 편찬위원회(2002), 《21세기 정치학대사전》, 아카데미아리서치).
** "작년 판사·검사 1만여 건 입건됐지만 정식 재판 '0건'", 〈MBC〉, 2023년 10월 19일.

적으로 돌아볼 필요가 있습니다.

사건을 법률의 영역으로 끌고 들어와 협소하게 바라볼 때 우리는 정작 범죄가 사람의 일이라는 사실을 놓칠 수 있습니다. 범죄는 사회적 현상이자, 한 개인의 삶에 커다란 영향을 끼치는 인간의 문제입니다. 회복적 정의는 우리에게 실제 벌어지는 일이 무엇이고, 우리가 원하는 게 정말로 무엇인지에 대해 생각하게 합니다.

정의 패러다임의 비교

응보적 정의		회복적 정의
가해자 처벌	목표	피해 회복
강제적 책임 수행	방식	자발적 책임
처벌자/처벌 기관	주최	당사자/공동체 참여

회복적 정의와 응보적 정의
그리고 전환적 정의

"회복적 정의는 충분히 전환적(변혁적)인가?" 이 문제 제기는 회복적 정의 운동이 처음 시작되었을 때부터 현재까지 계속되고 있습니다. '회복'이라는 말 자체에 '과거의 완벽했던 어떤 순간으로 돌아가자'는 듯한 뉘앙스가 담겨 있기 때문입니다. '회복적 정의의 아버지'라 불리는 하워드 제어는 이 대안적 사법 운동의 용어를 결정하려고 할 때, 실제로 '전환적'이라는 말을 고려했다고 합니다. 하지만 활동가들과 소통하기에는 적절치 않은 것 같아서 '회복적'이라는 말로 정했다고 하면서, 회복이라는 말에 담겨 있는 과거 지향적 느낌의 한계를 인정합니다.*

학자들 중에는 회복적 정의가 달성할 수 없거나, 바람직하지 않거나, 결코 존재한 적이 없는 것을 회복하려고 하거나, 너무 회고적이라는 비판을 하기도 합니다.** 기존의 형사 사법과 마찬가지로 사회 구조적 불의와 같은 근본 원인을 무시한 채 개인 간의 관계에 반창고를 붙이는 식이라는 것입니다. 물론 회복적 정의는 실제로 건강하지 못한 관계를 근본적으로 변화시키려고 하며, 더 큰 사회 변화를 위해 노력합니다. 예를 들어, 남아프리카 공화국의 아파르트헤이트(인종 차별 정책) 기간 동안 발생한 대규모 인권 유린을 청산하는 과정에서 회복적 접근이 사용되기도 했습니다.***

회복적 정의와 전환적 정의라는 두 용어 사이의 논쟁은 주로 아래와 같은 네 가지 다른 관점을 보여 줍니다.****

1. 회복적 정의와 전환적 정의는 완전히 다른 두 가지 관점

---

* https://emu.edu/now/restorative-justice/2011/03/10/restorative-or-transformative-justice/

** 대표적 학자가 보니 프라이스 로프턴입니다. 이스턴 메노나이트 대학교의 갈등 전환 프로그램 개발 책임자인 그녀는 〈회복적 정의는 체계적 부정의에 도전하고 있는가?〉라는 글에서 회복적 정의의 목적은 더 정의로운 사회 질서를 발전시키는 것이라고 말합니다(하워드 제어·바브 토우즈 외, 변종필 옮김(2014),《회복적 정의의 비판적 쟁점》, 한국형사정책연구원).

*** 데즈먼드 투투, 홍종락 옮김(2022),《용서 없이 미래 없다》, 사자와어린양.

**** M. Kay Harris(2005), Transformative justice: The transformation of restorative justice, *Handbook of Restorative Justice*, Edited By Dennis Sullivan, Larry Tifft, Routledge.

이다.

2. 회복적 정의는 개인 스스로 그리고 개인 간 관계의 전환을 목표로 하며, 사회 전환(변혁)을 위한 공간을 열 수 있다.

3. 회복적 정의는 응보적 정의와 전환적 정의 사이의 연속체 위에 놓여 있다.

4. 회복적 정의와 전환적 정의는 사실 같은 것이다. 회복적 정의와 전환적 정의는 모두 개인 간 관계 및 더 큰 사회 전환(변혁)을 목표로 한다.

회복적 정의 운동을 하는 활동가들은 대체로 '4번'을 옹호하며, 회복적 정의와 전환적 정의는 실제로 같다고 봅니다. 그러나 그렇지 않은 경우도 있다는 것을 활동가들은 알고 있습니다. 따라서 '2번'과 '3번'도 유효합니다. 중요한 것은 어떤 입장을 내세우는 게 아니라 우리 삶의 현장이 가능한 한 변혁되도록 촉구하는 것입니다. 회복적 정의를 통해 개인 스스로 그리고 개인 간의 관계에 큰 변화가 온 경우는 아주 많습니다. 회복적 정의가 종종 더 큰 사회 문제에 대한 인식을 불러일으키는 것처럼 보이긴 하지만, 안타깝게도 진정한 사회 변혁에 대한 이야기는 아직 그리 많지 않습니다.

이 문제와 관련해서는 앤드류 울포드와 아만다 네룬드가 함께 쓴 《회복적 정의의 정치학》에서 중점적으로 다루고 있습니다. 두 저자는 회복적 정의의 전환성 또는 변혁성이란, 개인적 변화뿐만 아니라 사회적 지배 형태를 변화시키기 위해 필요한 조건들을 만들어 가는 것임을 강조합니다. 회복적 조정을 촉발하는 범죄나 갈등에 머물지 말고, 불의에 관해 말하며 많은 사람의 삶을 개선하기 위해 기회를 증진하는 모습이어야 한다는 것입니다.[*]

1번의 입장(완전히 다르다는 관점)은 사실과 다르지만, 이러한 관점을 교육적으로 유용하게 사용할 수 있습니다. 수업이나 훈련으로 사례 연구를 제공한 다음 참가자를 세 그룹으로 나눕니다. 각 그룹은 다음 세 관점 중 하나를 사용하여 사례에 접근합니다. 이후 토론을 진행하면 개념을 파악하는 데 큰 도움이 됩니다.

응보적 접근

범죄 사건은 법 또는 규칙을 위반한 것이다. 진상을 조사하고, 책임을 판단하며, 처벌하는 것이 문제 해결의 방식이다.

- 누가 잘못했는가?
- 어떤 규칙을 위반했는가?
- 어떤 처벌을 받아야 하는가?

---

[*] 앤드류 울포드·아만다 네룬드, 김복기·고학준 옮김(2022),《회복적 정의의 정치학》, 대장간, 47쪽.

회복적 접근

범죄 사건은 개인과 관계에 대한 침해이고 상황을 바로잡아야 할 의무를 만들어 낸다. 사건으로 인해 피해자가 입은 피해, 가해자가 입은 피해, 더 큰 공동체가 입은 피해를 살펴보고, "이 피해를 어떻게 회복할 수 있는가?"라는 질문이 요구된다.

· 누가 피해를 입었고 그들의 필요는 무엇인가?
· 누가 이러한 필요를 해결할 의무를 갖는가?
· 이 상황에서 누가 이해관계를 갖고 있으며, 상황을 바로잡고 재발을 방지하는 데 그들을 참여시키는 절차는 무엇인가?

전환적 접근

범죄 사건은 건강하지 못한 관계와 사회 구조의 결과로 발생한다. 따라서 새로운 관계, 더 나은 관계를 만들어야 할 의무를 낳는다. 이는 개인 차원에서뿐만 아니라 사회 구조 및 제도적 정책 차원에서도 이루어져야 한다. 사건의 발생 및 재발을 방지하는 데 도움이 되는 방식으로 사회 구조를 변혁하는 것이 문제 해결의 방식이다.

· 어떤 사회적 상황이 해로운 행동을 조장했는가?
· 이 사건과 유사한 다른 사건 사이에는 어떤 구조적 유사점이 있는가?
· 향후 재발하지 않도록 하는 구조적 조치는 무엇인가?

회복적
교육이란
무엇일까?

주제 질문

- 교사를 하면서 가장 즐거울 때는 언제인가요?
- 교실에 힘이 되어 주는 아이가 있나요?
- 교실에 대하기 어려운 아이가 있나요?
- 교사를 하면서 가장 힘들 때는 언제인가요?
- 학교가 꼭 바뀌어야 할 부분은 무엇이라고 생각하나요?
- 좋은 교육이란 무엇일까요?
- 교사로서 어떤 교실을 꿈꾸고 있나요?
- 가장 중요하게 여기는 교육적 가치는 무엇인가요?
- 그 가치에 대해 간략히 설명해 줄 수 있을까요?
- 회복적 학교에서 중요하게 여기는 가치는 무엇일까요?

실천 질문

- 교사로서 성장하기 위해 노력하고 있는 게 있나요?
- 행복한 교실을 만들기 위해 교사가 노력해야 할 일이 무엇일까요?
- 학교를 변화시키기 위해 동료 교사들과 함께 노력해야 할 일이 있다면요?
- 교육이 바로 서기 위해 지역 사회에서 노력해야 할 일은 무엇일까요?
- 관계를 중요하게 여기는 교실을 만들기 위해 교사로서 무엇을 해야 할까요?
- 회복적 교실을 만들기 위해 다 함께 실천해야 할 일에는 무엇이 있을까요?
- 회복적 학교를 만들기 위해 전체 교직원이 함께 노력해야 할 일이 있다면요?
- 수업에서 서클을 활용하기 위한 방법에는 무엇이 있을까요?
- 회복적인 삶을 살기 위해 일상에서 실천할 수 있는 일을 이야기해 줄 수 있을까요?
- 개인적으로 당장 실천할 수 있는 일 하나만 이야기해 줄 수 있을까요?

행복하지 않은 교사에게 아이들은 무엇을 배울까?

"지금 또는 요즘 어떤 감정을 많이 느끼시나요?"

이 책의 독자들에게 꼭 하고 싶은 질문입니다. 마음속에 어떤 감정이 떠오르나요? 기쁨이나 편안함일 수도 있고, 답답함이나 무력감, 분노, 슬픔, 불안, 두려움일 수도 있습니다. 여러 감정이 한꺼번에 소용돌이칠 수도 있습니다. 실제로 우리 마음속에는 다양한 감정이 중첩되어 있습니다. 마음을 알아차리기 위해서는 최근의 일상을 지배하는 감정이 무엇인지 가만히 들여다보는 게 좋습니다.

감정에 대해 질문을 던진 이유는, 감정은 생각보다 진실하기 때문입니다. 벌어진 현상에 대해 생각은 잘못된 판단이나 해석을 내놓기 쉽습니다. 생각을 내려놓고 감정에 집중해 보면, 감정은 비교적 진실한 내면의 모습을 보여 줍니다. 또한 감정은 우리 자신에 대해서도 많은 정보를 줍니다. 내가 지금 무엇을 고민하고 있는지, 어떤 말에 상처를 받았는지, 나에게 정말 필요한 것이 무엇인지 등에 대해 솔직하게 알려 줍니다. 이처럼 감정은 늘 우리에게 말을 걸고 있습니다.

소통을 위한 감정 알아차리기

내적 감정을 섬세하게 느끼기 위해서는 여유가 필요합니다. 바쁘고 급한 생활 속에서 감정을 온전히 느끼기란 쉽지 않습니다. 하던 일을 멈추고, 또 잠시 생각을 접어 두고 가만히 느껴 봐야 합니다. 교실에서, 거리에서, 또는 카페에서 가만히 앉아 마음을 들여다보고 확인하는 시간이 필요합니다. 그것은 그 자체로 좋은 명상이 됩니다. 감정 알아차리기로 서클을 여는 것도 좋겠지요. 수업이 시작하기 전에 교사들끼리, 또는 학생들과 함께 감정을 들여다보고 이야기를 나누는 것입니다.

감정 알아차리기는 자기 자신을 잘 돌보기 위해서도 필요하지만 소통을 위해서도 필요합니다. 우리는 관계 속에서 감정을 솔직히 드러낼 수 있고 그 감정을 공감받을 때 마음을 열게 됩니다. 마찬가지로 상대방의 감정에 대해 잘 공감해 줄 때 상대방 역시 마음을 편안하게 열 수 있습니다. 마음이 열려야 진실한 만남이 가능하고, 만남이 이루어져야 교육도 가능합니다. 따라서 "그때 기분이 어땠니? 지금은 어때?" 하고 감정을 물어보고 공감하는 일은 관계를 더욱 친밀하게 해 줍니다.

관계 속에서 감정을 솔직히 드러낼 수 없다면, 그것은 그 공간이 안전하지 않기 때문일 수 있습니다. 감정의 표현은 상대방을 믿고 자신의 내밀한 모습을 드러내는 일입니다. 심지어 거친 감정의 표현일 때도 그렇습니다. 감정 표현이 잘 수용되지 않거나 공격이 예상될 때 마음의 문은 닫힙니다. 만약 교실에서 이런 냉랭한 모습이 나타난다면 바로 이 문제를 가지고 서클을 진행하는 게 좋습니다. 이미 교실 안에 갈등이 고조되고 있을지도 모르니까요.

진정한 원인은 사회에 있다

근래 '학교 붕괴' 또는 '교육 붕괴'라는 말이 다시 회자되고 있습니다. 심각한 문제 행동을 보이는 소위 '금쪽이'가 늘었고, 교사들이 악성 민원에 시달리며 정당한 교육 행위조차 아동학대로 신고당하는 경우가 많아졌습니다. 이런 현실에서 먼저 돌봐야할 것은 교사의 감정입니다. 이런 때일수록 관계 형성 서클을 통해 서로의 마음을 알아주고 서로를 지지해 주어야 합니다. 그리고 올바른 해결책을 찾아야 합니다. 교사 스스로 개별적 역량을 키우는 것도 필요하지만, 문제의 근본 원인은 개인보다 사회에 있기 때문입니다. 따라서 건강하지 못한 사회 구조를 직시하는 것이 매우 중요합니다.

우리 사회에서 교사의 직업 만족도는 대체로 높은 편이었습니다. 오랫동안 권위를 인정받는 자리였고, 선망받는 직업이었으며, 지금도 아이들의 장래 희망 중 상위에 놓여 있는 직군입니다. 그런데 어느 순간부터 교사의 직업 만족도는 바닥을 향해 떨어졌습니다. 한국교원단체총연합회가 실시한 2006년 첫 설문에서는 응답자의 67.8%가 만족한다고 대답했습니다. 2023년 조사에 따르면 그 수치는 23.6%로 떨어졌고, 다시 태어나도 교직을 택하겠냐는 질문에 20%만이 그렇다고 답했습니다.[*]

'교사가 행복해야 아이들도 행복하다'는 말이 무색하게 현재 교사들은 불행감과 두려움, 답답함을 더 많이 느끼고 있습니다. 어쩌다가 이렇게 되었을까요? '훈장 똥은 개도 안 먹는다'라는 옛 속담이 말해 주듯 가르치는 일은 원래 애가 타는 일입니다. 개구쟁이, 말썽꾸러기 아이들을 지도하고, 모르는 걸 알기 쉽게 가르쳐 주는 일이 쉬울 리 없습니다. 그럼에도 하루하루 성장하는 아이들을 보며 교사들은 자부심을 느끼며 살았습니다. 사회 구성원들도 그런 교사에게 권위를 부여해 주었습니다.

---

[*] "교직 만족도, 역대 최저로 나타나", 〈한국교육신문〉, 2023년 5월 15일.

잘못된 제도로 인한 교사의 불행

오늘날 교사의 권위는 땅에 떨어졌습니다. 교육이라는 정신적 작업이 사고파는 물건처럼 취급되는 현실에서 혼란은 어쩔 수 없는 일일지도 모릅니다. 과거에 비해 업무량은 말할 수 없이 과중해졌고 임금은 정체되어 있습니다. 공무원연금 개편으로 실질 임금이 줄어든 것도 간과할 수 없습니다. 그런데 현장 교사들이 지적하는 만족도 하락의 가장 큰 원인은 생활지도에 있습니다. 문제 행동을 일으키는 아이가 너무 많아졌고 그 양상이 심각할 정도입니다. 정당한 생활지도에 아동학대 신고나 형사 고소 등 법적 책임을 묻는 일도 잦아졌습니다. 어느 조사를 보든 학생의 문제 행동에 대한 생활지도와 학부모 민원이 감당하기 어려운 수준임을 알 수 있습니다.

교육부와 각 시·도교육청은 여전히 학력 향상을 최우선의 교육 목표로 삼고 있습니다. 하지만 교육 현장은 수업이 제대로 이루어질 수 없을 만큼 혼란스럽습니다. 어려움이 있는 아이가 늘어난 것에 비해 물리적, 행정적 지원은 턱없이 부족하기 때문입니다. 이것은 예산 확보의 문제이기도 합니다. 출생률이 감소하고 있지만 특수교육 대상자는 매년 늘고 있습니다. 그렇다면 특수교사 등 관련 전문 인력을 대폭 확충해야 하지만 정부는 오히려 교사 정원을 줄이고 있습니다. 이 와중에 소비자로서의 정체성이 강해진 보호자들은 더 많은 서비스를 학교에 요구하고 있습니다.

2부 회복적 교육이란 무엇일까?

이것은 '교원능력개발평가', 즉 교사에 대한 고객 만족도 조사가 실시되면서 더욱 강화된 현상입니다.

　이 모든 일을 교사 혼자 감당해야 하니 직업 만족도가 떨어질 수밖에 없습니다. 이로 인해 교사들의 감정은 점점 황폐해져 갑니다. 감정이 메마르다 못해 무감해진 상태에서 무력감과 우울감으로 자살 충동을 느끼는 교사가 늘었습니다. 교사가 행복하지 않다면 교실에서 아이들은 어떤 감정으로 살아갈까요? 교실에서 교사가 불행하다고 느낀다면 아이들은 무엇을 배울 수 있을까요? 중요한 건 이러한 현상의 근본적 원인이 교사나 학생, 보호자 등이 아닌 불의한 사회에 있다는 점입니다. 교사들에게 지금 필요한 것은 잘못된 제도를 바꾸기 위한 단결된 정치적 힘일 것입니다.

교육의 시장화와
사법화

한국의 교육 현실은 오래전부터 지옥이었습니다. 누구보다 어린 학생들에게 지옥이었습니다. 학생들을 불행하게 만든 가장 큰 이유는 입시 체제입니다. 오로지 좋은 대학에 들어가기 위해 시험 문제를 잘 푸는 기계로 만드는 것이 오랫동안 우리 사회의 실질적 교육 목표였습니다. 혁신학교 운동이 벌어지면서 일제식 시험을 지양하고 지적 학습에서 벗어나기 위해 노력했지만 입시 체제는 여전히 공고합니다. 초·중등교육은 대학 입시의 식민지 상태에서 벗어나지 못했습니다.

시장 논리가 지배하는 교육

입시 체제와 관련하여 한국의 사교육은 계속해서 팽창해 왔습니다. 사교육을 심각한 사회 문제로 여기지만 개선된 적은 단 한 번도 없습니다. 1980년대에는 '과외 금지' 조치를 실시했고, 문민정부가 들어서면서 방과 후 교육활동과 공교육 활성화를 추진하고 있지만 실효성은 없었습니다. 사교육을 금지한 1980년대를 지나 1990년대가 되면서 오히려 학원 산업이 활성화되고 대학생 과외도 허용되었습니다. 더불어 학교교육 차원에서도 사교육 수요를 대체하는 서비스를 제공하기 위한 정책을 수립합니다. 이때 수요자 중심 교육과 시장 논리가 공교육 시스템에 들어오기 시작했습니다.

입시 사교육 문제의 근본은 아이들이 사회로부터 강요된 공부를 하고 있다는 것입니다. 학습의 주체가 누구인지, 왜 공부를 해야 하는지 모른 채 오로지 명문대 진학을 목표로 합니다. 아이들은 이런 강제적 학습에 순응하며 타율적이고 수동적으로 길들여지고 있습니다.[*] 스스로 선택하고 책임질 기회를 잃어버린 아이들은 실수와 실패를 스스로 극복해 본 경험도 없기에 회복력이 낮은 어른이 됩니다. 적성보다 대학 서열을 학과 선택의 기준으로

---

[*] 최윤진(2015), 〈대학생들의 입시 사교육 경험 의미 분석: 사교육 주체, 동기, 관점을 중심으로〉, 《교육사회학연구》, 25(4), 한국교육사회학회, 83~124쪽.

삼고, 자신이 다니는 대학보다 높은 서열의 대학에 다니는 친구들에게 열등감을 느끼게 됩니다. 이러한 생활 태도와 사고방식을 수용하며 살아가다 보면 자아 정체성에 혼란이 생길 수밖에 없습니다.

학력과 학벌이 최고의 사회적 가치가 되면서 보편적 가치를 추구하는 학교교육은 사교육에 비해 열등한 교육으로 인식되기 시작했습니다. 공교육 교사의 역량이 학원 강사와 비교되고, 고액 연봉을 받는 소위 '일타 강사'가 교육적 권위마저 얻는 일이 벌어졌습니다. 공교육 교사의 경쟁력을 강화한다는 명분으로 2010년에 교원능력개발평가가 도입되면서 교사들은 상호 평가에 더해 학부모와 학생으로부터 만족도 조사를 받는 처지가 되었습니다. 교사는 교육 서비스를 제공하는 사람이고 학부모와 학생은 소비자가 된 것입니다. 학부모의 갑질과 악성 민원은 이때부터 늘어났습니다. 더욱 비참한 것은 그 평가 결과로 성과급을 차등 지급받는다는 데 있습니다. 이처럼 교육의 시장화는 학교를 지옥으로 만든 주요한 원인 중 하나입니다.

학교폭력, 아동학대 그리고 교육의 사법화

이러한 현실에서 학교 현장을 더욱 삭막하게 만든 두 가지 원인이 있습니다. 하나는 2011년 대구에서 벌어진 학교폭력 피해 중학생의 자살 사건이 발생한 후 2012년에 교육부가 내놓은 조치입니다. 학교폭력 가해 사실을 생활기록부에 반영하겠다는 응보적 조치였습니다.* 많은 교사가 우려를 표했고 적극적으로 반대했지만 정부는 급조된 정책을 밀어붙였습니다. 이로 인해 학교는 소송의 장이 되고 말았습니다. 교육의 사법화가 시작된 것입니다.

한국 사회의 아킬레스건인 입시 문제가 걸리면서 학교폭력 가해 학생의 부모는 물불을 가리지 않게 되었습니다. 교육부 훈령에 지나지 않는 이 조치는 정식 법령이 아닌 까닭에 소송이 벌어지면 학교가 불리할 수밖에 없습니다. 2011년까지 단 한 건도 없던 가해 학생의 행정 심판 청구는 이 조치 이후에 급격하게 늘었습니다. 첫해인 2012년에 175건이나 발생한 것도 놀랍지만 2022년에는 무려 800건 이상 발생했습니다. 부모가 변호사를 통해 담당 교사와 학교를 형사 고발하는 일도 드물지 않습니다. 이제 생활지도 업무는 교사들에게 기피의 대상이 되었습니다.

교사들의 직업 만족도를 급락시킨 결정적 원인은 2014년 이후 몇 해에 걸쳐 반복 개정된 아동학대처벌법입니다. 주로 아동의 보호자를 상대로 했던 이 법의 적용 범위가 확대되면서 교사들도 적용 대상이 되었습니다. 이때부터 교사를 아동학대로 신고하는 보호자가 생겨나기 시작했습니다. 급식 지도를 하면서 아이가 먹기 싫어하는 채소류를 먹도록 강요했다거나, 받아쓰기 시험을

---

* 이 시기에는 '학교폭력 예방 및 대책 5개년 기본계획'이 2005~2009년의 1차에 이어 2010~2014년의 2차 계획으로 시행되고 있었습니다. 가해 사실의 생활기록부 반영은 즉흥적으로 도입된 엄벌주의식 대처로 법령이 아닌 교육부 훈령입니다.

봐서 아이를 좌절시켰다는 황당한 사유로 신고하는 경우도 있습니다. 아동학대 신고가 접수되면 해당 교사는 직위 해제되고 경찰서와 검찰, 법원에서 오랜 시간 조사와 재판을 받아야 합니다. 교사에게 이 모든 과정은 너무나 큰 고통입니다.

2021년 보건복지부의 조사를 보면, 아동학대 행위자는 친부모가 80% 이상이며 대리 양육자와 친인척까지 포함하면 97%가 아동의 보호자입니다. 아동학대 행위자로 신고된 교사는 매년 늘어 2019년에는 2,309명에 달하지만 기소는 35건(1.5%)에 불과하고 유죄 판결은 극소수에 지나지 않습니다.* 무리한 아동학대 신고로 교사들이 입는 피해도 매우 크지만 사회적으로도 엄청난 재화가 낭비되고 있는 셈입니다.

사법은 사회 질서를 지탱하는 일종의 뼈대와 같습니다. 해서는 안 될 행위의 마지노선을 정한 것이 법 조항이기 때문에 사법적 문제 해결은 최소한으로 이루어져야 합니다. 그렇지 않으면 일상적 관계가 돌이킬 수 없을 정도로 망가집니다. 가족 간 또는 이웃 간에 소송이 벌어지면 그 관계가 어떻게 되는지 직간접적으로 경험한 적이 있을 것입니다. 사법은 인간 사회에서 도덕으로 해결하지 못하는 극히 일부의 사안, 아주 심각한 갈등과 범죄의 문제만을 다루어야 합니다. 일상생활의 모든 일을 사법으로 해결하려

---

* "'자는 학생 깨웠다고'··· 무분별한 아동학대 신고에 멍드는 교권", 〈세계일보〉, 2023년 6월 13일.

들면 그나마 남아 있는 공동체 관계마저 파괴되고 말 것입니다.

교육은 국가와 시장으로부터 독립되어야 한다

학교폭력 사안을 생활기록부에 기재하도록 하는 교육부 훈령은 당장 폐지해야 합니다. 교사들에 대한 신고와 사법화를 부추기는 현재의 아동학대처벌법도 현실에 맞게 개정해야 합니다. 가해자를 낙인찍는 방식의 응보적 접근은 이미 학교를 깊은 혼란에 빠트렸습니다. 학생들 간에 벌어지는 갈등은 피해 회복과 공동체 회복 중심으로 풀어 가는 접근 방식이 필요합니다. 학생들에게 민주 시민으로서 훌륭한 문제 해결 능력을 가르치는 게 교육의 역할입니다. 더 이상 교육의 역할과 권한을 사법으로 재단하고 침해해서는 안 됩니다.

사회적 불평등이 야기하는 구조적 폭력은 회복적 정의 관점에서 긴급하게 다뤄야 할 영역입니다.* 교육을 바로잡기 위해 정부는 매년 새로운 입시 정책을 낼 게 아니라 불평등한 노동 정책을 바꾸어야 합니다. 비정규직이 정규직에 비해 차별을 받고, 노동자가 목숨을 담보로 일을 하는 상황, 생존을 위해 치열하게 경쟁해야 하는 사회 체제를 바꾸지 못하면 입시 체제는 바뀌지 않을

---

* 린지 포인터·캐틀린 맥고이·해일리 파라, 안은경 옮김(2021), 《회복적 정의를 어떻게 배울 것인가》, 대장간, 16~17쪽.

것입니다. 이를 변화시키기 위해 우리에게는 더 큰 정치적 힘이 필요합니다.

교육은 국가와 시장으로부터 보호되어야 하는 정신적이고 문화적인 영역입니다. 신자유주의 체제에서 더욱 강화되는 입시 교육과 교육의 시장화 문제 그리고 교육 기관의 사법화 문제를 직시하지 못하면 교육은 회복되기 어려울 것입니다. 우리는 회복적 정의라는 렌즈를 통해 이러한 문제들에 접근할 수 있습니다. 학교라는 공간에서 지금 우리가 절실하게 고민해야 할 질문은 이런 게 아닐까요?

"교육은 진정 무엇이어야 하고, 우리가 원하는 사회는 어떤 모습이어야 하는가!"

회복적 학교
만들기

회복적 교실은 관계가 중요한 공간입니다.* 교실에서 교사와 학생, 학생과 학생 간에 관계가 좋을수록 저항과 갈등이 적어 교사는 더 잘 가르칠 수 있고, 학생들은 더 잘 배울 수 있습니다. 회복적 교실의 저변에는 회복적 가정과 회복적 학교, 나아가 회복적 마을이 있습니다. 좋은 관계를 만들기 위해 공동체 모두가 노력할 때 회복적 사회를 이룰 수 있습니다. 자녀와 부모 사이, 교사와 학부모 사이, 교사와 교사 사이 그리고 시민과 시민 사이에서 좋은 관계를 추구할 때 우리는 더 나은 사회를 만들 수 있습니다.

---

* Belinda Hopkins(2011), *Restorative Classroom Practice*, Transforming Conflict Publications, p. 6.

그렇다면 우리는 어떤 관점에서 아이들을 만나야 할까요? 미국의 비판적 사회학자이자 교육학자인 알피 콘은 이렇게 말합니다. "우리의 첫 번째 질문은 '아이들이 원하는 것은 무엇인가?' 이어야 하며, 곧바로 '우리는 아이들의 욕구를 어떻게 충족시킬 수 있는가?'로 이어져야 한다. 이러한 출발점은 '어떻게 하면 아이들에게 내가 원하는 것을 시킬 수 있을까?'라는 질문으로 시작했을 때와는 완전히 다른 장소로 우리를 데려갈 것이다."* 이것은 너무나 당연한 말이지만 우리의 현실은 그렇지 않습니다. 한국의 교육이 과연 우리 눈앞에 있는 아이들에 대해 진정으로 관심이 있는지 묻고 싶습니다. 오히려 국가 교육과정과 정해진 진도, 수많은 행사와 업무에 방점이 찍혀 있지 않나요?

교육에서 회복적 접근은 관계를 중요하게 여기며 한 인간의 발달과 내적 욕구에 깊은 관심을 갖습니다. 따라서 학생들의 발달 단계와 기질적 특성을 고려해 수업을 진행하고, 어려움이 있는 학생에게는 특별한 도움을 제공해야 합니다. 수업을 방해하는 문제 행동에는 처벌 중심의 응보적 접근이 아닌 관계 중심의 회복적 접근이 필요합니다. 따라서 교사에게 모든 책임을 전가하거나 요구할 수 없습니다. 어려움이 있는 학생이 늘고 있는 현실에서 회복적 교육은 교사의 역량뿐만 아니라 학교의 대응 시스템 마련을 중시합니다.

---

* Alfie Kohn(1995), *Punished by Rewards*, Houghton Mifflin Harcourt, p. 47.

학생의 존엄이 중요하듯 교사의 존엄 또한 중요하고 보호받아야 합니다. 교사 개인에 대한 과도한 요구는 교사의 소진을 불러오고 정신적 어려움을 발생시킬 수 있습니다. 특정 학생이 문제 행동을 하고 교사의 지도를 따르지 않는 경우 또는 교실 밖으로 뛰쳐나가는 경우 교사와 학생들이 수업에 집중할 수 있도록 다른 인력이 그 일을 감당해야 합니다. 학생을 잠시 진정시키거나 대화를 통해 문제 행동을 완화시키기 위해서는 보조 교사의 존재가 필수적입니다. 이는 당사자 학생을 위한 조치이며 교사와 다른 학생들의 수업권과 안전을 위해서도 반드시 필요합니다. 어려움이 있는 학생이 늘고 있는 상황에서 학교에는 상담 교사와 치유 교사 등 더 많은 전문 인력이 필요합니다. 보조 교사와 자원봉사자를 확충하고 지속적인 훈련을 받을 수 있도록 하는 시스템의 도입이 시급합니다.

욕구를 중시하는 회복적 접근

회복적 학교는 학교의 3주체인 학생과 교사, 학부모 모두에게 회복적 접근을 시도하는 학교입니다. 회복적 접근은 관계를 중요시하고 영향을 받은 사람들에게 초점을 맞춘다는 점에서 응보적 접근과 다릅니다. 응보적 교육의 접근법에서는 당사자보다 형식적 규정이 중요합니다. 규칙 위반이 발생하면 비난이나 적대감을 불러일으키는 처벌 중심의 절차를 따릅니다. 이에 비해 회복적 교육의 접근법에서는 당사자에게 발생한 피해를 중심으로 피해 회복을 위한 책임과 문제 해결에 관심을 갖습니다. 이러한 과정은 대화와 조정을 통해서 이루어지며 개선 및 사과, 변상에 관해 합의할 수 있도록 합니다.

결과적으로 어떤 사건에 영향을 받은 사람들은 회복적 접근을 통해 욕구 또는 필요가 해결됩니다. 행동 이면에 있는 충족되지 못한 욕구가 해결되기 때문에 정서적 안정감을 회복할 수 있습니다. 또한 관계가 단절되지 않아 갈등 상황을 통해 오히려 배움이 일어날 수 있습니다. 그러나 응보적 접근에서는 영향을 받은 사람들의 욕구가 무시되고, 행동 이면의 충족되지 못한 욕구가 해결되지 않아 사건이 재발하기 쉽습니다. 응보적 접근에서 이런 결과가 나오는 것은 책임을 처벌로 대신하기 때문입니다. 회복적 접근에서는 자발적 책임에 의해 문제를 바로잡을 수 있다고 봅니다. 그래서 당사자들의 욕구를 중요하게 여깁니다.

회복적 학교에서 중요하게 여기는 능력은 다음과 같습니다.[*]

- 서로 존중하는 관계 형성하기
- 사안의 모든 측면에서 방해하거나 판단하지 않고 차분하게 공감하며 경청하고 응답하기

---

[*] www.educ.cam.ac.uk/research/programmes/restorativeapproaches/RA-in-the-UK.pdf

- 안전함과 신뢰감을 고취시키기
- 사람들이 자신의 생각, 감정 및 욕구를 적절하게 표현하도록 격려하기
- 사람들의 생각, 감정, 믿음 및 충족되지 않은 욕구가 행동에 미치는 영향을 이해하기
- 사안과 관련된 사람들이 스스로 해결책을 찾도록 격려하기

수업을 위한 관계 형성

회복적 교사란, 관계가 중요하다는 관점을 받아들여 학급 구성원이 모두 연결될 수 있게 기회를 제공하는 사람을 뜻합니다. 일상적인 서클을 통해 학생들이 정서적 연결을 자주 경험할 때 교실은 더욱 안전한 공간이 됩니다. 수업에서는 나와 다른 사람의 지식이 서로 연결될 수 있게 연결점을 만들고, 이러한 연결을 통해 소통이 원활해지면 관계와 지식 모두 깊어집니다. 문제 상황이 발생하면 가능한 한 신속하게 연결점을 보수해야 학급 구성원의 안전을 확보할 수 있습니다. 따라서 관계가 단절되지 않도록 돌보는 것이 갈등 예방이고, 관계가 단절되었을 때 다시 연결하는 것이 갈등 해결입니다. 문제 행동이란 관계를 허무는 행동이며 심할 경우 처벌보다 치유가 필요합니다. 문제 행동을 하는 학생을 응보적으로 대해서 얻을 수 있는 실익은 없습니다.

관계는 효과적인 가르침과 배움을 위해서도 매우 중요합니다.

뇌과학에서는 사람이 더욱 안전하고 행복할수록 새로운 생각을 더 잘 수용하게 된다고 알려 줍니다. 스트레스와 두려움은 두뇌를 위축시키고, 새로운 정보를 처리하는 능력을 감소시킵니다. 아이들은 학급 친구들, 선생님들과 사회적으로 잘 연결될 때 더 안전하다고 느낍니다. 이러한 연결이 없으면 교실은 적대적이고 위협적인 공간처럼 느껴질 수 있습니다. 반감으로 가득 찬 교실에서는 의미 있는 수업이 불가능합니다. 따라서 교실은 서로 좋아하고 친근감을 느낄 수 있는 분위기를 만들고 유지하기 위해 구성원들의 노력이 필요합니다.

관계는 동기 부여와 자극을 위해서도 매우 중요합니다. 교실 안에 좋은 관계가 형성되어 있을 때, 학생들은 교사의 이야기에 더 귀 기울이고 상상력을 자유롭게 발휘하며 수업에도 적극적으로 참여합니다. 효과적인 배움이란 학생들이 이미 알고 있는 것과 새로운 지식 및 생각을 창조적으로 연결하는 것입니다. 교사는 학생들이 자기만의 방식으로 학습하고, 서로 상호작용하며 창의적인 방식으로 아이디어를 공유할 수 있는 기회를 제공해야 합니다. 학생들이 흥미진진하게 자극받으며 학습에 참여할 때 이러한 연결들은 더욱 효과적으로 만들어질 수 있습니다.

관계는 적극적인 시민권과 공동체 정신의 발전을 위해서도 매우 중요합니다. 학교는 단순히 지식 습득의 장에 머무는 게 아니라 건강한 사회화를 돕는 교육 기관입니다. 어떤 시민을 길러 낼 것인가는 오늘날 교육에서 중요한 문제가 되었습니다. 아이들은 사회적 존재로 자리매김하는 법을 배우기 위해 학교에 옵니다. 코로나19 팬데믹을 거치며 우리는 학교가 없어져서는 안 될 소중한 공간임을 깨달았습니다. 아이들에게는 사회적으로 행동하는 법과 긍정적인 방식으로 상호작용하는 법을 배울 수 있는 충분한 기회가 필요합니다.

훈육을 위한 관계 회복

관계는 일이 잘못될 때도 매우 중요합니다. 책임을 수용하고 직면하는 경험, 그리고 다른 사람들과 문제를 올바르게 해결하는 법을 가르치는 것은 아이들에게 귀중한 삶의 기술을 전해 주는 일입니다. 책임이란 벌을 받거나 반성문을 쓴다고 해서 길러지는 것이 아닙니다. 책임은 자기 잘못, 즉 자신의 말과 행위가 상대방과 공동체에 어떤 영향을 끼쳤는지 인식하고 직면할 때 비로소 생겨납니다. 책임을 받아들이는 것은 고통스럽지만 한 인간을 성장시킵니다. 관계 속에서 생긴 문제는 관계 속에서 풀어야 합니다. 이러한 이치를 학생들이 배우지 못한다면 학교는 책임 있는 시민을 길러 내지 못할 것입니다.

훈육과 관련해서는 파란불, 노란불, 빨간불 단계 수준에서 공통의 원칙을 바탕으로, 세 가지 다른 수준의 개입을 해야 합니다. 탄탄하고 건강한 관계 구축에 중점을 둔 파란불 단계(보편 단계) 개입은 '예방 주사' 전략을 통해 학교 공동체의 모든 구성원을 대상으로 합니다. 즉, 공동체의 모든 구성원은 불화가 처음 발생할 때 갈등이 고조되는 것을 막을 수 있는 기본적인 관계 기술을 배웁니다. 또한 사회-정서적 역량 개발, 특히 갈등 해결 분야에서 훈련과 지원을 받아 구성원들이 서로 존중과 배려의 방식, 즉 관계의 중요성을 재확인하는 방식으로 불화를 해소할 수 있도록 합니다.

노란불 단계(타깃 단계)는 학교 공동체 안의 특정한 당사자와 집단을 타깃으로 하지만 다른 구성원들도 초대하고 참여시킵니다. 학교 공동체의 다른 핵심 구성원을 끌어들이기 때문에 개입의 강도가 높아집니다. 일반적으로 이러한 수준의 개입에서 갈등은 더 오래 지속되거나 많은 사람이 관여되기에(그리고 영향을 미치기에) 훈련받은 진행자가 필요합니다. 노란불 단계의 목표는 관계를 강화하고 지렛대 삼아 당사자들을 공동체와 다시 연결하는 것입니다.

빨간불 단계(집중 단계)는 학교 안에서 심각한 가해가 발생했을 때, 영향을 받았거나 관여해야 하는 학부모, 보호자, 교사, 학교 전담 경찰관 등을 포함해 학교 공동체 안에서 가장 넓은 범위의 참여가 요구됩니다. 목표는 당사자의 존엄성을 인정하면서, 다양한 사회적 영역에 걸친 관계망을 재건하는 것입니다.*

---

* Brenda E. Morrison(2007), *Restoring Safe School Communities*, The Federation Press, p. 109.

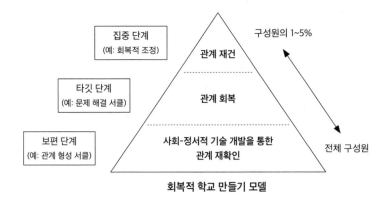

회복적 학교 만들기 모델

관계는 폭력과 괴롭힘을 다룰 때 더욱 중요합니다. 적대감과 편견, 따돌림과 괴롭힘은 보살핌과 인간적 연결이 없는 환경에서만 만연할 수 있습니다. 가장 효과적인 전략은 모든 수업에서 결속력 있는 공동체가 될 수 있도록 격려하고, 가급적 여러 학급(학년)이 서로 어울릴 기회를 많이 제공하는 것입니다. 갈수록 문제 행동을 보이는 학생이 늘고 있는 상황에서 분리와 처벌의 방식은 관계의 단절을 가져오기 때문에 좋은 방법이 아닙니다. 문제 행동이 있는 아이일수록 더 많은 관심과 치유가 필요합니다. 이러한 역할과 책임이 교사 개인에게 몰리지 않도록 공동체의 역량을 모아 합리적인 시스템을 만들어 낼 때 우리 교육에 희망이 생길 것입니다.

회복적 학교를 만들기 위한 실제 과정

회복적 학교를 만들기 위해서는 모든 교직원이 지속적으로 훈련을 받아야 합니다. 일반 학교는 3~5명, 작은 학교는 1~2명의 교직원이 심화 훈련을 받아 회복적 교육 전문가가 된다면 이상적일 것입니다. 그들이 다른 교직원들을 교육하고 갈등 문제를 전담할 수 있습니다. 회복적 학교를 만들기 위한 주된 내용은 관계 형성입니다. 따라서 학생과 교직원뿐만 아니라 학부모들도 지속적인 훈련을 받을 수 있도록 교육과정을 만들어야 합니다. 일상적으로는 관계 형성 서클과 존중의 약속 만들기, 평화 감수성 훈련 등 관계 형성 작업에 집중합니다. 갈등이 벌어지거나 문제 행동을 보이는 학생을 위해서는 문제 해결 서클, 회복적 상담 등 초기 개입이 필요합니다. 그리고 학교폭력 사안이 발생했을 때는 전문가의 도움을 받아 적극적으로 개입을 하는 것이 좋습니다.

회복적 학교의 성공 여부는 공동체 구성원들과 비전을 얼마나 공유하느냐에 달려 있습니다. 첫 번째 과제는 구성원들을 자발적으로 참여시키는 데 있습니다. 회복적 접근을 위한 코어 그룹은 더 많은 사람을 참여시키기 위해서 끊임없이 설득과 권유를 하고 솔선수범하는 모습을 보여 줘야 합니다. 두 번째 과제는 회복적 접근에 대한 이해를 공유하는 것입니다. 누군가는 잘 알고 있지만 다른 누군가는 잘 모르거나 잘못 알고 있는 경우 마음을 모으기 어렵습니다. 서클을 하거나 전문 강사를 초청해 회복적 교육의 가치와 원칙을 이해하고 재확인하는 작업이 필요합니다. 세 번째 과제는 앞의 작업들을 통해 선명한 비전을 갖는 것입니다. 구성원 누구나 공동체의 미래를 정확히 알고 묘사할 수 있어야 합니다.*

시작을 위해서는 누군가 깃발을 들고 나서는 수밖에 없습니다. 처음에는 지치고 힘들어하는 동료를 위해 치유와 회복의 서클을 열고, 참가자들의 마음이 조금씩 열릴 때 회복적 정의 공부 모임을 제안합니다. 함께 할 수 있는 동료 셋만 모으면 됩니다. 그렇게 코어 그룹이 만들어지면 학교의 변화 가능성이 열립니다. 그러기 위해서는 우리 자신부터 치유와 회복의 노력을 기울여야 할 것입니다.

---

* 크리스토퍼 스트레이커, "영국의 헐 시티Hull City 회복적 도시로부터 배운다", 한국회복적정의협회 초청 강좌, 2018년 11월 3일.

회복적 교육의
3대 가치

"당신이 어떤 사람을 현재의 모습 그대로 취급하면 그는 계속해서 지금의 상태로 남을 것이다. 하지만 당신이 그 사람을 그가 마땅히 되어야 할 사람으로 취급하면 그는 마땅히 그렇게 되어야 하고, 그렇게 될 수 있는 모습이 될 것이다."

– 요한 볼프강 폰 괴테

회복적 정의는 처벌 중심의 응보적 정의가 갖는 비인간성을 성찰하는 작업이기도 합니다. 따라서 회복적 정의 운동은 인간성 회복을 위한 사회운동의 일환이며, 회복적 교육은 무엇보다 인간에 대한 진정한 이해, 즉 올바른 인간학에서 출발해야 합니다. 인간은 존엄한 존재로서 서로 관계 맺을 때 존중과 책임 사이에서 균형을 잡아야 합니다. 따라서 회복적 교육의 지향점이 되어야 할 존엄, 존중, 책임이라는 가치에 대해 살펴보겠습니다.*

1) 존엄

인간은 누구나 존엄합니다. 이 말의 의미가 늘 새롭게 규정되지 않는다면 조금 상투적인 느낌으로 다가올 수 있습니다. 인간은 왜 존엄할까요? 생명으로서는 동물도 인간만큼 존엄합니다. 그런데 인간은 동물을 잡아먹기도 합니다. 그 근거는 인간은 동물에게 없는 '자아'가 있기 때문입니다. 동물과 인간 사이에는 정신적 위계가 존재합니다. 그러나 인간과 인간 사이에는 위계가 없습니다. 인간은 저마다 고유하고 정신적인 자아를 갖고 있기에 존엄합니다. 여기에는 우월이나 열등의 관념이 끼어들 여지가 없습니다.

나이와 장애 여부, 성별과 성적 지향, 출신지와 상관없이 인간은 자아를 가진 존재로서 동등하게 존엄합니다. 자아, 즉 '나'는 이 세상에서 유일무이하게 특별하고 자신의 존재 의미를 의식하

---

* 이 세 가지 가치는 캐서린 에반스와 도로시 반더링의 《회복적 교육》에 소개된 존중, 존엄성, 상호 책임의 영향을 받았지만 새로운 관점에서 설명하고 있습니다. 하워드 제어는 《우리 시대의 회복적 정의》에서 회복적 사법의 세 가지 가치로 존중, 겸손, 놀라움을 제시합니다. 이러한 가치들은 학교나 교실에서 새롭게 정하고 그 의미를 합의할 수 있습니다.

며 반성적 사고를 할 수 있습니다. 그래서 우리는 성찰할 수 있고, 독특한 예술 작업과 노동을 할 수 있습니다. 인간만이 자신의 존재 가치를 찾고 저마다 고유한 삶을 살아가고자 합니다. 우리가 상처받고 또 갈등에 휘말리는 근본적인 이유는 관계 속에서 이 존엄이 훼손되기 때문입니다.[*]

그러나 존엄의 개념을 경직되게 이해하면 기계적인 평등성에 매몰될 수 있습니다. 인간관계에서 발생하는 자연스러운 권위의 필요성을 무시할 수 있는 것입니다. 아이가 아직 어릴 때 부모나 교사가 아이를 친구처럼 대하는 것은 아이의 필요를 제대로 이해하지 못한 것입니다. 어린 시절의 아이에게는 부모와 교사의 권위가 반드시 필요합니다. 아이의 자아가 아직 스스로를 책임질 수 있을 만큼 성숙하지 못했기 때문입니다. 자기 통제력이 부족한 아이를 대신해서 어른이 일정 부분 통제를 해 줘야 합니다. 아이에게는 애정만큼이나 통제가 필요합니다. 부모와 교사는 발달 단계에 따라 권위를 바탕으로 아이를 적절히 보호하고 훈육해야 합니다.

그렇다고 아이가 어른보다 덜 존엄한 존재인 것은 아닙니다. 다만 도움이 필요할 뿐입니다. 장애를 가진 사람 역시 사회적 배려를 받아야 하지만 비장애인과 똑같이 존엄한 존재인 것처럼 말이지요. 사회적 약자 또는 소수자가 차별받지 않도록 그들의 존엄

---

[*] 도나 힉스, 박현주 옮김(2013), 《관계를 치유하는 힘 존엄》, 검둥소, 11쪽.

을 동등하게 인정하고 권리를 보장하는 사회일수록 성숙한 사회입니다. '내가 내 삶을 이끌어 간다'는 느낌을 잃지 않을 때 우리의 존엄도 훼손당하지 않습니다.

아이의 존엄을 인정하는 교육을 하기 위해 우리는 아이 각자의 고유성을 이해해야 합니다. 아이들은 저마다 다르며, 발달 단계에 따라 다른 모습을 보여 줍니다. 교사는 아이의 고유한 자아를 주시하며 기질적 특징을 파악하고 발달 특성에 대해 알아야 합니다. 학습은 그 다음의 일입니다. 무엇보다 교육은 인간에 대한 관심과 존엄을 바탕으로 이루어져야 합니다. 그러나 우리의 교육 현실은 당장 우리 앞에 있는 아이들에 대한 관심이 부족해 보입니다. 진도를 빼야 할 교육과정이 우선이고, 아이가 가야할 대학이 먼저입니다. 교육의 핵심에 성장하는 아이들의 자아가 있다는 것을 잊지 않는다면 우리의 원칙은 분명해질 것입니다. 가정과 학교에서 존엄을 인정받을 때 비로소 아이들은 건강하게 자아를 형성해 갑니다.

2) 존중

우리가 서로 존중해야 하는 이유는 우리 각자가 존엄한 존재이기 때문입니다. 존중의 뿌리에는 인간의 존엄에 대한 인정이 있습니다. 존엄한 존재로서 인간은 누구나 존중받아 마땅합니다. 그런데 고유한 존재로서 사람은 저마다 다르기 때문에 고정된 단일

방식이 있을 수 없습니다. 사람에 따라 존중의 방식이 달라질 수 있다는 것입니다. 어떤 사람은 스스럼없이 말을 놓고 편하게 대할 때 존중받았다고 느낄 수 있습니다. 또 어떤 사람은 격식을 갖추고 존대했을 때 존중감을 느낄 수 있습니다. 따라서 기본적으로 예의를 갖추되 사람에 따라 존중의 방식은 달라질 수 있습니다.

존엄도 그렇지만 고유성에 대한 이해에서 존중은 빛을 발합니다. 인간은 고유한 자아를 지닌 존재이므로 저마다 고유한 색채의 마음을 갖고 있습니다. 따라서 진정한 존중이란 '마음을 알아주는 일'입니다. 우리는 누구나 다른 사람이 자기 마음을 알아주길 원합니다. 아무도 내 마음을 알아주지 않을 때 우리는 절망하게 됩니다. 내 마음을 알아주는 사람이 단 한 명이라도 있다면 살아갈 힘이 생깁니다. 다른 사람이 내 마음을 온전히 알아줄 때 우리는 존중받고 있다고 느낍니다. 우리는 말하지 않아도 상대가 내 마음을 알아주길 원하기도 합니다. 그러나 말하지 않으면 알기 힘든 게 마음입니다. 그러니 대화를 통해 상대방의 마음이 어떤지 물어보고 자기 마음도 표현해야 합니다.

구체적으로 마음은 사고, 감정, 의지 또는 생각, 느낌, 욕구의 세 부분으로 나뉩니다. 그런데 우리는 이 셋을 균형 있게 다루기보다 사고, 생각, 인식, 지식 등 주로 지적인 측면에 초점을 맞춥니다. 교육에서도 겉으로는 전인교육을 내세우지만 여전히 주지주의식 교육에서 벗어나지 못하고 있는 게 현실입니다. 사법 분야 역시 발생한 사건에 대해 주로 사실 관계와 이유 등에 대해 다룰 뿐입니다. 정작 당사자가 가장 말하고 싶은 속마음, 즉 감정과 욕구에 대해서는 표현할 기회가 거의 주어지지 않습니다.

감정과 욕구를 몰라주는 관계가 좋은 관계일 리 없습니다. 그저 사실 관계와 생각, 도덕적 판단만 논한다면 마음과 마음이 연결되기는 어렵습니다. 이런 환경에서는 존중받는 느낌을 받기 어렵습니다. 그렇다면 어떻게 해야 마음을 제대로 알아줄 수 있을까요? 구체적으로 상대방의 생각과 감정, 욕구를 물어보면 됩니다. 무슨 일이 있었고, 그때 어떤 생각이 들었고, 어떤 감정을 느꼈는지 물어야 합니다. 이어서 지금은 어떠한지, 바라는 게 있다면 무엇인지 차근차근 묻고 답할 기회를 주는 것입니다. 그러나 우리는 그런 존중의 문화를 경험한 적이 거의 없기 때문에 생각과 감정, 욕구를 묻고 답하는 일에 익숙지 않습니다. 많은 연습과 의식적인 노력이 필요합니다. 마음을 온전히 알아주는 이런 존중의 대화가 익숙해지면 우리는 좀 더 인간적인 관계를 만들 수 있을 것입니다.

3) 책임

책임에는 두 가지 뜻이 있습니다. 하나는 공동체 안에서 도맡아 해야 할 임무나 의무이고, 다른 하나는 어떤 일의 결과에 대한 의무나 부담, 제재制裁를 뜻하기도 합니다. 우리는 고유한 자아를 지닌 존재로 자유롭게 살 권리가 있지만 동시에 사회적 존재이기도 하니 관계 속에서 책임을 다해야 합니다. 교육에서도 아이들에게 책임 의식을 키워 주는 것은 아주 중요한 목표입니다. 공동체 구성원으로서 가져야 할 책임 의식은 공동체 안에서 자기 역할을 충실히 했을 때 키울 수 있습니다. 대가 없이 자기 역할을 성실하게 이행하는 것은 책임의 영역입니다. 그런데 어떤 사건의 결과를 직면하고 책임지는 힘은 어떻게 키워 줄 수 있을까요?

우리는 누구나 존중받고 싶지만 남을 존중하는 일은 대단히 어렵습니다. 마찬가지로 우리는 타인에게 책임을 지우는 걸 즐기지만 스스로 책임지는 건 기꺼워하지 않습니다. 인간은 기본적으로 자기중심적 존재이기 때문에 사건을 객관적으로 보지 않고 주관적으로 왜곡하기 쉽습니다. 이것은 같은 사건을 사람마다 다르게 받아들이는 이유이기도 합니다. 이처럼 우리는 다른 사람이 자기 마음을 알아주기를 원하면서 (심지어 말하지 않아도!) 다른 사람의 마음을 알아주려는 노력은 게을리합니다. 또 존재감을 느끼고 싶지만 자기 행위로 인한 결과는 좋은 것만 취하고 싶어 합니다. 이러한 한계 속에서 자아가 성장하려면 자기 자신을 직면하는 고통을 감내해야 합니다.

책임은 말과 행위의 영향에 관심을 기울이고 인식할 때 키울 수 있습니다. 우리는 서로에게 끊임없이 영향을 끼치며 살아가는 사회적 존재입니다. 자아가 미숙한 아이가 자신의 잘못을 인정하는 것은 매우 어려운 일입니다. 자신의 부족한 모습을 있는 그대로 받아들인다는 것은 너무 무거운 일이기 때문입니다. 그래서 거짓말을 하기도 하고 회피하기도 합니다. 책임은 자아의 성숙과 밀접하게 관련됩니다. 자아가 바로 선 어른도 자기가 벌인 행위의 영향을 인정하는 건 매우 어렵습니다. 나이가 어려도 "그건 제 잘 못이에요. 애는 제가 장난을 쳐서 화난 거니까 저만 혼내 주세요" 이렇게 말하는 아이가 있다면 우리는 "참 어른스럽다"고 말할 것입니다. 반면 나이가 많아도 책임을 회피하기만 하는 어른에게는 "참 애 같다"고 말할 테고요.

우리의 말과 행위가 주변에 어떤 영향을 끼치는지, 또 우리 자신은 주변의 일들에 어떤 영향을 받는지, 이런 사실을 알아차리고 돌아보는 것은 책임을 키우기 위한 기초 작업입니다. 우리는 존중의 대화를 통해 무슨 일이 있었고, 그때 어떤 기분이 들었으며, 바라는 게 무엇인지를 묻고 답할 필요가 있습니다. 하지만 그저 감정과 욕구에만 초점을 맞추다 보면 정작 행위의 영향에 대해서는 다루지 못하고 대화가 빙빙 돌 수 있습니다. 피해가 발생했다면 그 부분을 반드시 짚어야 합니다. "그 일로 인해 어떤 영향을 받았나요?" "그 일로 인해 그 친구가 무엇을 힘들어할까요?" 이런 질문은 책임의 대화를 가능케 합니다.

5가지 회복적 원칙과 회복적 질문

존엄, 존중, 책임이라는 회복적 가치는 5가지 회복적 원칙으로 이어집니다. 수업은 물론 학교생활의 모든 영역에서 이 원칙들을 활용할 수 있습니다. 갈등 사안을 다룰 때도 이 원칙들을 바탕으로 회복적 질문을 만들고, 그 질문을 통해 갈등 조정이 이루어집니다.*

핵심 원칙 1 - 누구든 자기 목소리를 낼 수 있어야 한다.

첫 번째 원칙은, 우리는 누구나 똑같이 존엄하기 때문에 자

---

* Belinda Hopkins, Op. cti., pp. 8-9. 이후에 소개되는 5가지 회복적 원칙에 따른 접근은 이 책의 내용을 기반으로 합니다.

기 목소리를 낼 수 있는 기회가 동등하게 주어져야 한다는 것입니다. 공평한 발언 기회를 주지 않는 것은 사람들의 존엄성을 훼손하는 일입니다. 사람들은 어떤 상황이나 사건에 대해 저마다 자기만의 고유한 관점을 갖습니다. 따라서 이것을 표현하고 들을 수 있는 동등한 기회가 필요합니다. 자기 의견을 말할 기회가 공평하게 보장되지 않는 상황, 권력을 가진 사람이 다른 사람들에게 자기 견해를 강요하는 상황은 정의롭지 않습니다. 모든 사람에게 자기 목소리를 낼 수 있는 기회를 똑같이 줘야 합니다. 그래야 소수의 사람이 다른 사람들보다 더 큰 힘을 갖는 상황을 방지할 수 있습니다.

핵심 원칙 2 - 누구든 자기 생각과 감정을 말할 수 있어야 한다.

두 번째 원칙은 존중과 관련된 것으로, 사람은 누구나 자신의 생각과 감정을 표현할 수 있어야 한다는 것입니다. 사람들이 어떤 순간에 하는 생각은 그 순간의 감정에 영향을 주고, 이러한 감정은 행동의 기초가 됩니다. 생각과 감정은 대체로 '수면 아래' 숨어 있지만 사람들의 행동을 이해하는 열쇠가 됩니다. 자기 마음을 솔직하게 나눌 때 우리는 서로를 더 잘 이해할 수 있고 서로 연결될 수 있습니다. 다만 생각을 묻고 답하는 것보다 감정을 묻고 답할 때 더 진실한 마음을 알 수 있습니다. 생각을 묻고 답하다 보면 해석이나 평가를 하는 경우가 많기 때문입니다. 따라서 감정에 초점을 맞추되 필요한 경우 어떤 생각이 들었는지에 대해서도 질문할 수 있습니다.

핵심 원칙 3 - 우리가 무엇을 행하든 그것은 다른 사람에게 영향을 준다.

세 번째 원칙은 책임과 관련됩니다. 사람은 누구나 자신의 말과 행위에 책임을 져야 합니다. 책임이란 자신의 말과 행위가 다른 사람에게 어떤 영향을 주었는지 인식하는 것에서 시작합니다. 우리의 행위는 우리 주변에 영향을 줍니다. 자신이 벌인 행위나 사건의 파급 효과를 확인하는 것은 책임감을 키우는 데 도움이 됩니다. 다른 사람들과 좋은 관계를 유지하기 위해서는 파급 효과를 미리 예상하고 준비해 피해를 최소화하는 것이 좋습니다. 갈등이나 의견의 불일치가 있는 경우 분노, 상처, 두려움, 좌절, 혼란과 같은 부정적인 감정과 관계 및 연결감의 훼손이 일어나기 쉽습니다. 공감과 함께 파급 효과를 예상해 보면 상황을 진전시키는 데 도움이 될 것입니다.

핵심 원칙 4 - 문제를 해결하려 하기 전에 당사자의 욕구를 이해해야 한다.

네 번째 원칙은, 다시 존중으로 돌아가 마음의 가장 깊은 부분인 욕구를 파악하는 것입니다. 특히 당사자의 욕구는 문제 해결에서 매우 중요한 부분입니다. 당사자가 원치 않는데 다른 사람이 자기 마음대로 문제를 해결하려고 하는 것은 존중과 거리가 멉니다. 응보적 정의에 따라 처벌 기관이 강제로 책임 수행을 하게 할 때 피해자는 소외감을 느끼고 가해자는 억울해하는 것도 마찬가지 이유입니다. 욕구가 충족될 때 우리는 최선을 다해 역할을 수행할 수 있습니다. 우리의 모든 행위는 자신의 욕구를 충족시키기 위해 선택했던 전략입니다. 어떤 결정을 내리거나 문제를 해결하기 위해서는 먼저 관련된 모든 사람의 욕구를 찾고 확인해 보는 것이 도움이 됩니다. 그러면 문제를 해결하기 위해 적절한 전략을 찾는 일이 더 쉬워집니다.

핵심 원칙 5 - 누구든 자신의 문제를 스스로 해결할 수 있도록 도와야 한다.

다섯 번째 원칙은 존엄과 관련된 것으로 문제 해결의 주체는 당사자 자신이라는 것입니다. 당사자들이 주인 의식을 갖고 스스로 문제를 해결할 수 있으려면 주변의 지지와 도움이 필요합니다. 어떤 사건이나 문제에 직면한 사람들이야말로 서로 협력하여 앞으로 나아갈 방법을 찾는 데 가장 적합한 이들입니다. 우리는 자신과 관련된 문제에 대해 의논하고 결정하는 자리에 참여하는 것을 가치 있게 여깁니다. 반대로 타인이 내린 결정에는 저항하고 분개하는 경향이 있습니다. 의사 결정과 문제 해결에서 이러한 주인 의식은 존중과 신뢰를 보여 주고, 사회적 기술과 자신감을 키우며 연결을 강화합니다. 아무리 어린 아이들의 문제라 하더라도 교사와 부모의 개입은 최소한으로 하고 당사자인 아이들이 스스로 해결해 갈 수 있도록 도와야 합니다.

이러한 원칙을 바탕으로 다음과 같은 5가지 회복적 질문을 할 수 있습니다. 아래의 질문들은 다양한 상황에서 활용할 수 있는데, 문제 해결 서클이나 갈등 조정을 할 때 매우 유용합니다. 나아가 일반적인 수업을 할 때도 적용 가능합니다.

1. 무슨 일이 있었나요?

- "어떤 일이 있었는지 자기 입장에서 말해 주세요."
- "어떤 말을 들었는지, 무엇을 보았는지, 자기가 겪은 일에 대해 구체적으로 이야기해 주세요."

2. 그때 어떤 기분/생각이 들었나요?

- "그 일을 겪었을 때 어떤 기분이 들었나요?"
- "지금은 기분이 어떤가요?"
- "왜 그런 일이 벌어졌다고 생각하나요?"
- "그 말을 듣고 어떤 생각이 들었나요?"

3. 그 일로 인해 어떤 영향을 받았나요?

- "그 일 이후에 어떤 게 가장 힘든가요?"
- "심적으로 어려운 게 뭔가요?"
- "어떤 피해를 입었다고 보나요?"
- "그 일을 겪고 생활이 달라진 게 있나요?"

4. 피해를 바로잡으려면 무엇이 필요할까요?

- "피해를 회복하려면 필요한 게 뭘까요?"
- "어떻게 하면 상황을 좀 더 낫게 할 수 있을까요?"
- "상대방에게 바라는 게 무엇인가요?"

5. 다른 사람들이 어떻게 도와주면 좋을까요?

- "문제를 해결하기 위해서 무엇을 할 수 있나요?"
- "선생님이 무엇을 도와주면 좋겠나요?"
- "친구들에게 부탁하고 싶은 일이 있나요?"

회복적 원칙을
수업에 통합하기

대화에 참여하고 협조하려는 욕구는 인간의 기본 천성입니다.[*]
회복적 공동체를 만들기 위해 할 수 있는 가장 기본적인 일은 정
기적으로 서클을 하는 것입니다. 처음에는 모든 구성원이 각자
최선을 다하고 있다는 걸 확인하기 위해 서클을 할 수 있습니다.
그 이후에는 자신의 행동이 다른 사람들에게 어떤 영향을 주는
지 돌아볼 수 있는 방식이 됩니다. 이것은 공감, 상호 존중, 책임
의 공유 등을 키워 나가는 데 도움이 됩니다.

5가지 회복적 원칙은 서클을 통해 사람들이 자신의 경험이
나 관점을 표현하고, 생각과 느낌을 전달하고 공유할 수 있게 합

---

[*] 앤 리니아·크리스티나 볼드윈, 봉현철 옮김(2017),《서클의 힘》, 초록비책공방, 14쪽.

니다. 또 자신의 욕구가 무엇인지 알고 그 욕구를 충족하는 방법을 찾기 위해 함께 논의할 수 있는 기회도 제공합니다. 모든 사람에게 영향을 끼친 사건을 검토하거나 공동체의 미래에 초점을 맞춰 서클을 진행할 수도 있습니다. 사람들은 어떤 프로젝트를 함께 기획할 때 더 큰 책임감을 갖기 때문입니다.

서클의 쓰임

서클은 놀이 활동을 포함하는 좀 더 구조화된 형식으로 사회-정서적 기술을 개발하고 자존감을 기르며 협동심을 북돋우고 의사소통 기술을 향상시키는 데 사용할 수 있습니다. 서클은 공동체 의식과 소속감을 형성해 아이들뿐만 아니라 어른들에게도 적합합니다.

서클은 모든 회복적 환경의 기반이 됩니다. 어떤 공동체에서든 다양한 주제를 가지고 서클을 하면, 일상생활과 의사 결정이 회복적 가치와 원칙에 의해 이루어지도록 영향을 미칩니다. 또한 서클은 사회적 목표와 학문적 목표를 모두 가진 수업의 틀을 제공할 수 있습니다. 수업에서 활용하면 좋을 서클의 구조는 다음과 같습니다.*

---

* Belinda Hopkins, Op. cti., pp. 10-11.

- 열기 – 모든 사람이 차례대로 말할 수 있는 시작 활동
- 뒤섞기 게임 – 자리 바꾸기 놀이
- 주요 활동 – 선택된 주제를 중심으로 더 큰 규모의 짝/모둠 활동. 수업의 목표 및 목적에 따라 여러 짝 또는 모둠 활동이 될 수 있음.
- 나누기 – 배운 내용을 돌아보기
- 닫기 – 이번 활동에서 재밌었거나 배웠던 내용 돌아보며 마무리

서클을 활용하고, 5가지 회복적 원칙을 주요 활동으로 교과를 가르치면 수업은 어떻게 달라질 수 있을까요? 학습 주제에 관한 학생의 고유한 관점을 표현할 기회를 주고, 생각과 감정을 나누게 하면 좀 더 활기찬 수업이 될 것입니다. 그리고 학습 내용의 사건이나 활동이 갖는 의미와 영향을 파악하고, 욕구를 들여다보고, 스스로 할 수 있는 일과 주변에 부탁하고 싶은 일 등을 구체화하면 수업은 온전히 학생 본인의 것이 됩니다.

교사는 수업에서 회복적 원칙에 따라 질문을 하는 방식으로 학습 내용을 가르칠 수 있습니다. 학생들에게는 짝이나 모둠 활동에서 회복적 원칙을 활용하도록 권장합니다.[*]

---

[*] Belinda Hopkins, Ibid., p. 15.

수업에서의 회복적 원칙과 질문

핵심 원칙 1 모든 사람은 고유한 관점과 의견을 갖는다.	• 너는 이 일을 어떻게 보고 있니? • 이것에 대해 네가 알고 있는 게 있니? • 네가 겪은 일에 대해 말해 줄래?
핵심 원칙 2 생각은 감정에 영향을 미치고, 생각과 감정은 우리의 말과 행동에 영 향을 미친다(가르침과 배움에서 정서적 측면을 강조하라).	• 왜 그런 일이 벌어졌을 거라고 생각하니? • 이걸 볼 때/들을 때/읽을 때 너에게 어떤 생각이 드니? • 이걸 볼 때/들을 때/읽을 때 너는 어떤 감정이 떠오르니? • ○○가 ○○○이라고 말하는 것을 들었을 때 너는 속으로 어떤 생각이 들었니? 기분은 어땠어? • 짝/모둠 토론 중에 어떤 생각이 떠올랐니? 기분은 어땠어? 다 른 아이들은 어땠어? • 이걸 바라보는 다른 방법이 있을까? • 그 수업/활동에서 어떤 점이 좋았니?
핵심 원칙 3 말과 행위의 영향	• 그러한 방침/발명/발견/역사적 사건이 어떤 영향을 미쳤다고 생각하니? • 누가 그러한 방침/발명/발견/역사적 사건의 영향을 받았을까? • 모두가 이야기하는 모둠 토론에서 너는 얼마나 참여했니? • 그런 행동을 선택한 것이 모둠/교실의 다른 친구들에게 어떤 영 향을 미칠 것 같니?
핵심 원칙 4 알맞은 해결책을 찾으 려면 욕구를 파악하라.	• 너 스스로에게 필요한 건 뭘까? • 그래서 너는 여기에서 어떤 일이 일어나길 원하니? • 너는 어떤 계획을 갖고 있니? 네가 한 선택을 설명해 볼래?
핵심 원칙 5 의사 결정과 문제 해결 에서의 주인 의식, 주변의 도움	• 네가 원하는 것과 과제를 해결하기 위해 넌 무얼 할 수 있을까? • 이 과제를 하기 위해 다른 사람들에게 도움받았으면 하는 게 있 니? • 선생님에게 도움받고 싶은 게 있니?

회복적 원칙에 따른 수업의 예시

회복초등학교 6학년 담임 교사인 김정의 선생님은 1교시 사회 수업을 회복적 원칙에 따라 진행하기로 했습니다. 학습 주제는 "민주적 의사 결정 원리를 알아보자"입니다. 가축을 키우는 농촌 지역에 대규모 아파트 단지가 들어서면서 발생한 갈등에 대해 학생들과 이야기를 나눠 볼 것입니다.

열기

김정의 선생님은 아침 인사 시간에 학생들과 둥그렇게 앉았습니다. 그리고 오늘 기분이 어떤지를 날씨에 비유하며 간단히 이야기를 나누었습니다.

"여러분, 우리 감정 출석부를 해 볼까요? 각자 지금 자신의 기분을 날씨에 비유해 말해 보고 그 이유도 간단히 덧붙여 주세요."

"구름 한 점 없이 화창해요. 어제 일찍 잠자리에 들어서 아주 푹 잤거든요. 상쾌합니다."

"안개가 자욱해요. 밤새 악몽에 시달려서 비몽사몽이에요."

"천둥번개가 쳐요. 오늘 아침에 엄마랑 싸우고 왔어요."

학생들은 벌써 인형 토킹스틱을 들고 익숙하게 자기 마음을 표현했습니다. 김정의 선생님은 학생들이 이야기를 할 때마다 "그래", "그렇구나", "어이쿠" 같은 추임새를 가볍게 넣으며 대화가 잘 이어지도록 진행했습니다.

뒤섞기 게임

아침 인사 시간을 마치자 1교시를 알리는 수업 종이 울렸습니다. 김정의 선생님은 친한 친구들끼리 가깝게 앉은 자리를 바꿔 주기 위해 '큰 바람이 불어와' 놀이를 시작했습니다. 제비뽑기를 해서 교실 가운데에 민준이를 술래로 세우고 민준이의 의자를 뺐습니다. 민준이가 "준비됐어요"라고 알리자 선생님은 "큰 바람이 불어와!"라고 말했습니다. 학생들은 다 같이 바람이 부는 듯한 손동작을 따라 했습니다. 바람의 신인 술래가 "안경 쓴 사람 일어나"라고 말하자, 안경을 쓴 학생들이 의자에서 일어나 바람이 되었습니다. 모두 교실 가운데의 둥근 점을 발로 찍고 다른 의자에 재빨리 앉았습니다. 이번에는 서윤이가 술래가 되었습니다. 놀이는 두 번 더 진행했습니다.

주요 활동

놀이가 끝나자 아이들은 가볍게 상기된 얼굴로 선생님을 보았습니다.

"자, 오늘은 민주적 의사 결정의 원리가 무엇인지를 알아볼 거예요. 말이 좀 어렵게 느껴질 수 있는데, 선생님이 이야기를 들려줄게요. 얼마 전 우리 지역 도청 소재지가 바뀌면서 신도시가 생긴 건 알고 있지요? 원래는 소와 닭, 돼지 등을 키우는 축산 농가 지역에 도청 건물이 새로 들어섰어요. 도청 주변으로 큰 길이 나고 아파트 단지가 만들어졌지요. 문제는 아파트에 사람들이 입주하면서 벌어졌어요. 대체 어떤 일이 벌어졌을까요?"

시우가 손을 들고 물었습니다.

"가축을 키우는 축사는 그대로 있었나요?"

선생님이 고개를 끄덕이며 답했습니다.

"좋은 질문이에요. 가축 키우는 일을 포기한 사람들도 있지만 오랫동안 그 일을 해 오던 사람들은 축사를 포기할 수 없었어요. 그러면 어떤 문제가 생길까요?"

이번에는 지우가 손을 들었습니다.

"저희 할머니 댁이 딱 그런 곳이에요. 가축 분뇨 때문에 냄새가 엄청나요."

그러자 여기저기서 비슷한 경험을 한 학생들이 수군거리기 시작했습니다.

"가축 분뇨로 인해 안 좋은 냄새가 나는 건 예전에도 있었던 일인데, 무슨 문제가 새로 생겼을까요?"

선생님이 다시 질문을 던지자 주원이가 말했습니다.

"아파트 주민들이 악취 때문에 민원을 넣었을 것 같아요. 지난번에 그런 뉴스를 본 적이 있어요."

선생님은 학생들을 네 명이 한 모둠이 되도록 해서 각자 주민자치위원회 대표, 아파트 단지 대표, 농가 대표, 시청 공무원의 역할을 맡게 했습니다. 그리고 주민자치위원회 대표 역할을 맡은 학생들만 불러서 5가지 질문이 적힌 종이를 나누어 주고 각자 모둠으로 돌아가 토론을 하도록 했습니다. 종이에는 '1. 무슨 일이 있었나요? 2. 왜 그런 일이 벌어졌다고 생각하나요? 3. 그러한 문제가 어떤 영향을 미치고 있나요? 4. 어떻게 해결되어야 할까요? 5. 다른 사람들에게 도움을 청하고 싶은 게 있나요?' 같은 질문이 담겨 있었습니다.

나누기

학생들은 열띤 토론을 마친 뒤 논의 결과를 전지에 적어서 모둠별로 발표했습니다. 발표자는 모둠에서 자유롭게 뽑도록 했습니다. 1모둠 다은이는 이렇게 발표했습니다.

"무슨 일이 있었는지를 물었을 때 역할마다 다른 이야기들이 나왔어요. 아파트 단지 대표는 축사에서 나는 악취 때문에 주민들이 창문을 열 수 없어 힘들다고 했어요. 벌레도 많이 생겨서 방충망을 뚫고 작은 날파리가 들어오기도 한대요. 농가 대표는 축사를 옮길 수 없다고 했고, 아파트가 생기면서 해가 잘 들지 않아 동물들에게 질병이 많이 생겼다고 했어요."

2모둠 지훈이는 이렇게 발표했습니다.

"왜 이런 일이 벌어졌는지 자기 생각을 말할 때요, 시청 공무원 역할을 한 선우가 고위 공무원들이 도시 계획을 잘못해서 그렇대요. 뭔가 비리가 있었을 거라며 축사가 있는 지역에 청사 건물이랑 아파트를 지으면 안 된다고 했어요. 그 말에 다른 친구들도 다 동의했고요."

이어서 다른 모둠 학생들도 마치 방송국 기자가 된 것처럼 토론 내용을 소개했습니다. 대부분의 모둠에서 비슷한 내용들을 발표했습니다. 축사를 옮기는 건 어렵지만 청소나 소독을 더욱 철저히 하고, 악취를 줄이는 시설 비용을 시청에서 지원하면 좋겠다는 이야기도 나왔습니다. 축사를 이전하거나 문을 닫되, 그에 따른 충분한 보상을 하기로 결정한 모둠도 있었습니다.

닫기

김정의 선생님은 5가지 질문에 따라 열심히 토론과 발표에 참여한 학생들을 칭찬했습니다. 그리고 다시 큰 원으로 둘러앉아 수업을 마무리하는 닫기 활동을 했습니다.

"오늘 각자 역할을 맡아 토론하고 문제 해결 방법까지 합의해 보았어요. 수업을 하고 난 소감이나 새롭게 알게 된 점을 이야기해 주세요."

학생들은 저마다 "제가 그 입장이 되어 토론을 하니 더 실감났어요", "생각보다 합의가 안 돼서 어려웠어요", "민주적인 의사 결정은 시간이 너무 많이 걸리는 것 같아요" 같은 이야기를 했습니다.

선생님은 학생들의 이야기를 충분히 들은 뒤 "다음 시간에는 '우리 반 수학여행을 어디로 갈지'를 두고 오늘처럼 민주적 의사 결정 방식으로 결정해 볼 거예요"라고 말하며 수업을 마쳤습니다.

회복적 교육의
인간학

교육은 오로지 인간을 대상으로 하는 일입니다. 동물에게는 훈련을 받는다고 하지, 교육을 받는다고 하지는 않습니다. 물론 인간도 살아가기 위해 여러 훈련이 필요하지만 궁극적으로 교육을 통해 진정한 인간이 되어 갑니다. 진정한 교육이란 국가나 시장에 필요한 인적 자원을 개발하기 위한 프로그램 같은 게 아닙니다. 만약 학교교육이 그런 목표로 이루어진 것이라면 그것은 이미 교육이라고 할 수 없습니다. 교육은 한 인간이 이 지상에 가져온 과제, 즉 그 자신의 소질과 능력, 소명을 이끌어 낼 수 있도록 돕는 정신적 작업입니다. 따라서 교육은 한 인간의 고유한 자아에 초점을 맞추어야 합니다.

우주의 역사에서 생명이 출현하고, 그 생명이 진화하면서 의식이 출현하는 과정은 놀라움의 연속입니다. 의식적 존재가 더욱 진화하여 자아의식을 가진 존재가 나왔다는 것 역시 기적적인 일입니다. 우주의 모든 현상은 본질적으로 무질서한 방향으로 나아간다는 엔트로피의 법칙에 위배되는 일이기 때문입니다. 반성적 사고가 가능해진 인간은 자신의 존재 의미를 찾고, 세상의 법칙을 탐구합니다. 그것은 교육이 없었다면 불가능한 일이었을 것입니다. 한 인간에게 교육이란 자신이 누구인지를 찾아 가는 과정이자, 세상을 이해하고 사회에서 자기 역할을 발견하여 책임을 키워 가는 과정입니다.

개별적 존재론과 관계적 존재론

고대에는 강력한 카리스마가 있는 리더와 온순한 추종자들이 결합한 형태로 사회 집단이 이루어졌습니다. 개인보다는 사회, 즉 집단이 우선이었습니다. 근대 이전까지는 이러한 사회적 힘이 지배적이었습니다. 그런데 인류의 의식이 발전하면서 점점 사람들의 자아가 깨어나기 시작했습니다. 특히 근대 사회로 진입하면서 급격하게 개인들의 의식이 깨어나고 자아의 힘이 강해졌습니다. 이로 인해 오늘날에는 자기중심적 힘, 다시 말해 반사회적인 힘이 과도해졌습니다. 누구도 손해 보고 싶어 하지 않고 자기 삶을 특별히 여깁니다. 사회나 집단보다 개인이 우선입니다. 근대 사회에서 인류가 그러한 특성을 하나의 법칙처럼 합리화한 것이 바로 '개별적 존재론'입니다. 우리 인간이 원자처럼 개별적 존재라는 것, 다시 말해 각자는 서로 연결되어 있지 않고 분리된 존재라는 관념이 지금까지도 우리의 의식을 지배하고 있습니다.

그러나 인간, 즉 호모사피엔스는 탄생 초기부터 관계적 존재입니다. 《휴먼카인드》의 저자 뤼트허르 브레흐만은 인간의 본성이 사교적이고 친밀하다고 주장합니다. 호모사피엔스가 네안데르탈인보다 지능이나 완력 면에서 부족했지만 결국 살아남아 지구의 지배자가 된 것은 뛰어난 관계성에 있다는 것입니다. 브라이언 헤어와 버네사 우즈 역시 《다정한 것이 살아남는다》에서 비슷한 주장을 하고 있습니다. 《나무가 나무에게》, 《더불어 숲》의 저자인 신영복 선생은 인류가 개별적 존재론에서 관계적 존재론으로 전환해야 함을 역설했습니다. 그에게 관계적 존재론은 자본주의의 소외를 극복하고 인간적인 사회를 만들어 갈 수 있는 사고방식이었습니다.*

세계의 실상을 있는 그대로 본다면, 개별로 존재하는 것은 아무것도 없습니다. 존재하는 모든 것은 연결되어 있고 관계 맺으며 살아갑니다. 평화운동가이자 명상가였던 틱낫한 스님은 미국 캘리포니아에서 행했던 반야심경 강의에서 이렇게 설법한 적이 있습니다. "당신이 시인이라면 이 종이 안에 떠가는 구름을 뚜렷이

---

* [신영복(2015), 《담론》, 돌베개] 참고. 그는 존재론에서 관계론으로 전환해야 한다고 말했지만 엄밀한 의미에서 이 개념들은 개별적 존재론과 관계적 존재론이라고 할 수 있습니다.

볼 수 있을 것이다. 구름 없이 비는 내릴 수 없고, 비 없이는 나무가 자랄 수 없으며, 나무가 없다면 종이도 만들 수 없다. 종이가 존재하기 위해 구름은 꼭 있어야 한다. 여기에 구름이 없다면 종이 역시 이곳에 있을 수 없다. 그래서 우리는 구름과 종이가 더불어 있다inter-are고 말할 수 있다."*

이것이 있으니 저것이 있고 저것이 있으니 이것이 있다는 것입니다. 선문답 같은 얘기가 아니라 세계의 실상이 그렇습니다. 이 사람이 고통스러우면 저 사람도 고통스럽습니다. 타인의 고통을 외면하고 행복하게 살 방법은 없습니다. 궁극에는 모두가 괴로울 수밖에 없으니까요. 우리가 코로나19 팬데믹을 겪으면서 알게 되었지만, 부유한 사람만 백신을 맞고 가난한 사람은 맞지 못한다면 결코 전염병을 종식시킬 수 없습니다. 인간만이 아니라 생태계의 건강도 함께 고려해야지요. 그래서 나온 개념이 '원 헬스One Health'입니다.**

---

* Thich Nhat Hanh(1988), *The Heart of Understanding*, Parallaz Press.
** 원 헬스는 인간의 건강이 동식물 및 환경의 건강과 하나로 연결되어 있음을 전제합니다. 어느 한 영역에서 문제가 발생하면 나머지 영역에도 심각하게 영향을 미치게 됩니다. 따라서 공동의 노력으로 모두의 건강을 유지해야 한다는 것입니다. 세상 모든 것은 관계 맺고 연결되어 있습니다(www.phwr.org/journal/view.html?pn=search&uid=30&vmd=Full).

인간의 마음과 자아

영혼 깊은 곳의 기저 상태에서 인간은 모두 연결되어 있습니다. 우리가 진정으로 바라는 게 무엇인지 탐구해 본다면, 그것은 사랑, 평화, 존중, 배려, 인정 등으로 모든 사람의 근본 욕구가 다르지 않다는 것을 알 수 있습니다. 심층적인 내면에서 인간은 모두 하나로 연결됩니다. 우리가 서로 좋은 관계를 맺고 살아가기 위해서는 인간의 보편적인 마음을 좀 더 정확히 이해할 필요가 있습니다. 우리의 마음은 사고, 감정, 의지 또는 생각, 느낌, 욕구로 이루어져 있습니다. 이 셋은 분리해서 살펴볼 수 있지만 크게 하나로 연결됩니다.

마음을 이루는 세 요소

마음의 가장 넓은 영역을 차지하는 것은 감정입니다. 감정은 생각과 욕구라는 양극을 오갑니다. 그렇기에 감정은 우리의 욕구와 생각에 영향을 받습니다. 특히 감정과 욕구는 매우 긴밀하게 연결되어 있습니다. 이 둘을 통틀어 '속마음'이라고 할 수 있습니다. 속마음은 언어 이전의 마음이며, 생각처럼 바로 인식할 수 있는 의식 차원이 아닙니다. 욕구는 감정보다 더욱 심층적인 속마음입니다. 욕구가 충족될 때 긍정적 감정이 나오고, 욕구가 충족되지 못할 때 부정적 감정이 나옵니다. 강렬한 감정은 의지적 욕구를 자극하며, 그것이 외부로 표출되면 행동behavior이 됩니다. 사람의 행동 뒤에는 특정한 감정과 욕구가 숨어 있기 마련입니다.

또한 감정은 우리가 어떤 생각을 하느냐에 따라서도 큰 영향을 받습니다. 똑같은 상황이더라도 긍정적으로 생각할 때와 부정적으로 생각할 때 우리의 감정은 크게 달라집니다. 인간의 몸은 단지 생각을 하는 것만으로도 그것을 실제처럼 여기기 때문에 감정이 생깁니다. 감정은 몸의 변화를 반영하는 것이기도 합니다. 이때 생각에 지대한 영향을 주는 것이 믿음 또는 신념belief입니다. 믿음은 한 사람의 세계관이자 사고방식입니다. 인간의 내적 세계관을 이루는 것은 살아오면서 다양한 경험을 통해 형성된 고유한 믿음 체계입니다. 그것은 하나의 이야기(서사)이기도 해서 한 사람을 이해하기 위해서는 그 사람이 어떤 이야기를 만들고 있는지를 살펴봐야 합니다.

누군가와 관계를 잘 맺기 위해서는 그 사람이 평소에 어떤 생각을 하는지, 또 어떤 감정과 욕구가 있는지를 파악해야 합니다. 그 사람의 행동을 지속적으로 관찰하는 것도 좋은 방법입니다. 만약 갈등이나 범죄 사건이 벌어졌을 때 당사자를 돕기 위해서는 그 일로 그 사람의 어떤 욕구가 훼손되었는지, 그 일로 인해 생길 수 있는 잘못된 믿음은 무엇인지, 그리고 어떤 두려움을 가질 수 있는지 등을 중점적으로 살펴보아야 합니다.*

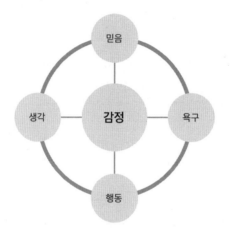

이 모든 것은 자아에 의해 통합됩니다. 정신적 자아는 한 인간의 핵심으로 마음의 영역들을 하나로 통합합니다. 자아를 가진 인간은 동물과 달리 존재 의미를 찾고 싶어 합니다. 더 나은 존재가 되고 싶고, 무의미한 삶을 견딜 수 없는 게 인간입니다. 그래서 인간은 누구나 존재감 또는 자존감을 느끼고 싶어 합니다.

---

* [안젤라 애커만·베카 푸글리시, 임상훈 옮김(2020),《트라우마 사전》, 월북] 참고.

남들에게 인정받고 공동체에 기여하며 보람을 느끼고 싶은 것입니다. 그것은 어른들뿐만 아니라 아이들도 똑같습니다. 그런데 어떤 사람이 자존감이 높을까요? 자존감이 낮은 사람은 잘못된 행동을 해서라도 관심을 받고 싶어 합니다. 문제 행동을 벌이는 아이들 중 다수는 오로지 자기 존재감을 느끼기 위해 그런 행동을 하기도 합니다. 그럴 때는 지적하고 혼내기보다 모르는 척하는 것이 더 낫습니다.

건강한 자존감의 비밀은 통제력에 있습니다. 자기 자신을 잘 통제할 수 있는 사람이 자존감도 높습니다. 다음 날 아침 6시에 일어나기로 마음먹고 딱 그 시간에 일어날 수 있는 사람은 자존감이 높겠지요. 이에 비해, 아침 6시는 고사하고 10시나 11시쯤 일어난 사람의 자존감은 낮을 수밖에 없습니다. 어른에 비해 자기 통제력이 강하지 않은 아이들은 부모와 교사의 도움을 받아야 합니다. 물론 통제에는 저항이 따릅니다. 아이들의 자연스러운 저항에 스트레스를 받거나 경직된 반응을 보이기보다 단호하면서도 친절한 태도로 접근하는 것이 좋습니다. 아이들이 어릴수록 친밀한 관계와 확고한 권위를 바탕으로 적절히 통제를 해 주어야 합니다. 좋은 교육은 아이들에게 자기 통제력을 기를 수 있도록 도와 건강한 자존감을 느끼게 해 줍니다. 이때 삶을 살아갈 긍정적 의지가 나옵니다.

　　　　　　　　　2부 회복적 교육이란 무엇일까?

발달 단계에 따른
접근법

근래 교육에서 중요하게 여기는 '자존감'은 앞서 말한 것처럼 자기 통제력과 밀접하게 관련되어 있습니다. 자기 통제력이 강한 사람, 다시 말해 자아가 단단한 사람은 자존감이 강할 뿐만 아니라 회복력도 강합니다. 자신의 행동과 욕구, 감정을 잘 통제할 수 있을 때 긍정적 자아상을 가질 수 있습니다. 자기 자신을 통제하지 못하는 사람은 좌절을 경험하기 쉽고, 자존감이 약할 수밖에 없습니다.

어린이와 청소년은 아직 스스로 통제할 힘이 부족하기 때문에 부모와 교사의 도움이 필요합니다. 이것을 '외적 권위'라고 합니다. 어린 시절에 부모와 교사가 적절한 권위를 갖고 통제해 주지 않으면 아이는 사춘기를 지나며 키워야 할 '내적 권위'를 가질 수 없습니다. 내적 권위가 없는 사람은 자아 정체성이 약하고 병든 자존감을 갖게 됩니다. 열등감과 우월감을 오가게 되는 것입니다. 이런 사람은 나르시시스트 성향에 빠지기 쉽습니다.

균형 잡힌 육아란 애정도 많이 주고 통제도 많이 해 주는 것입니다. 애정만 많고 통제가 없으면 아이에게 과잉 자존감이 생깁니다. 자기가 세상의 중심인 줄 아는 버릇없는 아이가 되는 것입니다. 인간은 저마다 자기 삶의 중심이지, 세상의 중심일 수는 없습니다. 자기가 존엄한 만큼 남도 똑같이 존엄하다는 걸 배워야 합니다. 반면 애정은 적게 주고 지나치게 통제만 하는 것도 좋지 않습니다. 아이의 자아가 성장함에 따라 외부의 통제는 단계적으로 줄여야 합니다. 발달 시기에 따라 지나치지도 부족하지도 않게 통제의 균형을 맞추는 게 중요합니다. 이러한 애정과 통제는 성인이 될 때까지만 정성을 다하면 됩니다. 그 이후에는 자기교육을 통해 자아가 단단한 어른으로서 잘 살아갈 수 있을 것입니다.

7년 주기에 따른 발달 특성

인간의 자아가 독립하여 스스로 생각하고 판단하여 행동에 옮기고 그 결과를 책임질 수 있는 나이는 21세 전후입니다. 사람마다 차이가 있으니 대략 스무 살이 넘어서라고 할 수 있습니다. 이때는 자아 정체성이 확립되고 자기 통제력이 강해져 자유롭게 자기 삶을 살 수 있습니다. 실제로는 이렇게 단단한 어른이 많지 않지만, 그러한 어른을 만드는 게 교육의 목표입니다. 자아가 잘 성장하기 위해서는 어린 시절 존중받는 경험과 함께 고통을 겪고 실패를 맛보는 경험도 매우 중요합니다. 자아는 어려움을 딛고 성장하기 때문입니다. 자신의 행동에 대해 책임지는 법을 배워 가면서 아이들은 자랍니다. 인간의 발달 단계는 7년 주기로 질적 변화를 보여 줍니다.

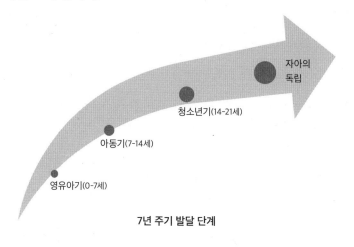

자아의 독립

청소년기(14-21세)

아동기(7-14세)

영유아기(0-7세)

7년 주기 발달 단계

21세 즈음에 신체 발달이 완성되고 자아가 독립하는 것처럼, 14세에도 질적 변화가 옵니다. 이때는 이차 성징이 두드러지고 사춘기가 절정에 이릅니다. 내적으로 감정생활이 독립하는 시기인데, 다른 말로 하자면 '내 마음은 내 것'인 때입니다. 보통 여학생들은 초등학교 4학년부터 사춘기적 특성이 나타나며, 남학생들은 1~2년 늦어 5~6학년 때 변성기가 오고 성적 변화를 경험합니다. 이때는 감정적으로 부모나 교사로부터 독립하고 싶어 하는 동시에 가장 중요한 사람이 친구가 됩니다. 그만큼 친구 관계가 삶에서 가장 큰 부분이고 소속감을 갖고 싶어 합니다. 따라서 아이들에게 따돌림이란 매우 큰 상처가 됩니다.

사춘기에 들어선 아이들은 자기가 어떤 사람인지, 다른 사람과 어떻게 관계 맺어야 하는지를 새롭게 배워야 합니다. 이것이 바로 정체성이 확립되어 가는 과정입니다. 이 시기에는 풍부한 독서와 토론, 다양한 직업적 경험이 절대적으로 필요합니다. 그러나 한국 사회는 이처럼 중요한 시기의 아이들에게 오직 입시 공부에만 매진하도록 강요합니다. 또한 청소년기에 들어선 아이들은 어른들에게 자신의 독립된 마음, 즉 감정생활을 존중받고 싶어 합니다. 이 시기 아이들이 어른들에게 저항하는 가장 큰 이유는 자신의 발달에 맞게 존중받지 못하기 때문입니다. 물론 아직은 사고 생활이 독립하기 전이어서 여전히 보호받고 교육을 받아야 합니다.

7세에 아이들은 이갈이를 합니다. 부모로부터 받은 몸을 스스로 변화시켜 완전히 제 것으로 만드는 과정이 영유아기입니다. 아이들은 잘 먹고 잘 자고 신나게 놀면서 머리부터 발끝까지 온몸의 세포를 새롭게 형성합니다. 몸에서 가장 단단한 치아까지 자기가 만든 영구치로 바뀌면서 아이들은 새로운 단계에 진입합니다. 빠른 아이들은 5~6세, 늦은 아이들은 8~9세에 시작할 수 있지만 대체로 7세를 전후해 유치가 빠지고 영구치가 나옵니다. 이때 전 세계 어린이들이 학교에 갑니다. 그만큼 몸이 튼튼해졌고, 부모와 떨어져도 문제가 없으며, 무엇보다 기억력이 강해졌기 때문입니다. 단단한 이빨로 무언가를 꽉 물 수 있는 것처럼, 내적으로 어떤 상

2부 회복적 교육이란 무엇일까?

을 꽉 붙잡고 떠올리는 힘이 강해졌기에 학습이 가능합니다.

영유아기의 아이들은 논리적 힘이 아닌 판타지의 힘으로 살아갑니다. 아이가 말을 듣지 않고 약속을 지키지 않을 때 이야기를 지어내 들려주면 설득하기가 훨씬 쉽습니다. 손을 씻지 않으려고 하는 아이에게 손의 세균들이 입안에 들어가 배를 아프게 하려고 한다며, 비눗물로 씻으면 세균들이 떠내려가니까 손을 씻자고 말해 보세요. 아마 눈을 반짝이며 달려올 것입니다. 마찬가지로 친구를 할퀴거나 꼬집고 문제 행동을 벌이는 아이에게도 훈계하기보다 적절한 이야기를 지어내 들려주는 것이 좋습니다.* 다른 친구들과 어울리기 어려울 정도로 문제 행동이 심하다면 가정생활에서부터 치유와 회복이 필요합니다. 이 시기의 아이들이 바라는 건 소박합니다. 사랑받고 싶고 놀고 싶고 안정된 생활 리듬속에서 살고 싶어 합니다. 따라서 영유아기의 아이에게는 충분한 스킨십과 함께 따뜻한 사랑과 관심을 기울여 주어야 합니다. 전자 기기를 손에 쥐어 주고 영상을 보여 주기보다 손과 발, 온몸으로 놀 수 있는 환경을 마련해 주어야 합니다. 그리고 규칙적이고 일관된 생활 리듬을 만들어 줄 때 아이들은 집중하는 힘을 키울수 있습니다. 가정에서, 유아교육 기관에서 이러한 기본 욕구를 충족해 주면 아이들은 욕구 불만 없이 잘 지낼 수 있습니다.

---

* [수잔 페로우, 푸른씨앗번역팀 옮김(2016),《마음에 힘을 주는 치유동화》, 푸른씨앗]을 권합니다.

발달에 따른 갈등 접근법

초등학교 시기의 아이들은 전반부와 후반부로 나뉘는데, 기점은 3학년 2학기 정도입니다. 전반부는 아직 어린아이의 모습입니다. 아이들은 교사를 무조건적인 호감으로 대하고 교사의 권위에 의지합니다. 이때의 아이들은 배울 준비를 마친 상태입니다. 아이들은 놀이의 욕구만큼이나 배움의 욕구가 있고 정의로움을 추구합니다. 갈등이 벌어졌을 때 따뜻한 사랑의 마음과 원칙을 가지고 이야기를 들어 주면 잘 해결됩니다. 문제는 어른인 부모들인데, 어린이처럼 마음이 유연하지 못하기 때문에 쉽게 경직되고 극단적인 선택을 하기도 합니다. 따라서 부모에게는 아이들을 중심으로 문제를 해결할 수 있도록 설득해야 합니다. 부모도 아이가 스스로 문제를 해결할 수 있는 힘을 얻고, 책임감을 배우는 것을 원할 테니까요.

영유아기를 포함해 저학년 시기까지 교사는 아이들과 친구가 되기보다 권위 있는 어른이 되어야 합니다. 아이들의 행동 문제에 대해서는 경중을 두어 빨간불, 노란불, 파란불 단계로 나누어 접근하는 것이 좋습니다. 파란불 단계에서는 아이들에게 바라는 모습, 예를 들어 허리를 펴고 바르게 앉거나 교사의 말을 다 듣고 활동하기 등 긍정적인 모습을 반복해서 부탁하고 칭찬해 줍니다. 제멋대로 앉거나 교사의 말을 잘 듣지 않는 아이의 경우에는, 그때마다 지적하고 혼내기보다 못 본 척하고 잘하는 아이에게 더 시선을 주고 칭찬하는 게 효과적입니다. 노란불 단계는 아이들이 규칙을 지키지 않았을 때 짐짓 화난 듯 혼내기도 하고 잘할 수 있다고 격려도 하면서 아이들을 이끌어 가는 단계입니다. 저학년까지는 지켜야 할 규칙에 대해 아이들과 의논하기보다 교사가 몇 가지만 정해서 알려 주는 게 낫습니다. 끝으로 빨간불 단계에서는 웃음기 없이 정색하고 단호하게 대처해야 합니다. 친구를 다치게 하거나 스스로 위험한 행동을 할 때, 친구에게 욕설을 하거나 모욕적인 말을 했을 때는 엄격하고 일관되게 경계를 세워 주는 것이 어린아이들에게 적합한 생활지도 방식입니다.

초등학교 후반부부터 청소년기까지는 갈등 해결을 할 때, 감정을 충분히 공감하고 사리 분별에 맞게 진실한 해결책을 찾도록 도와야 합니다. 점점 자아가 강해지는 아이들에게 필요한 것은 합리적인 사고를 바탕으로 당사자 스스로 해결할 수 있도록 길을 열어 주는 것입니다. 이때 아이들에게 책임을 길러 주는 것이 매우 중요한 교육 목표입니다. 그런데 훈계나 처벌은 반발심을 일으킬 뿐 책임감으로 이어지지 않는 경우가 많습니다. 명백히 잘못을 저질러서 벌을 주려고 해도 아이들 마음에 차오르는 것은 억울함입니다. 이때 피해를 입은 아이가 받은 영향, 즉 어려움과 힘듦에 대한 이야기를 직접 듣게 되면 잘못을 저지른 아이의 마음속에서 미안함이 우러나옵니다. 진심으로 사과하고 싶고, 다시는 그러지 않겠다고 하며 용서를 구하는 것입니다. 극소수 아이들의 경우 죄책감을 느끼지 못하는데, 이때 필요한 것은 처벌보다 치유입니다.

기질 특성에 따른
접근법

아이들을 지도하다 보면 똑같이 혼을 내도 잘 받아들이는 아이가 있는 반면, 반항하는 아이도 있습니다. 이는 교사와 학생의 관계 형성의 문제일 수도 있지만 교사와 학생의 기질 차이 때문일 수도 있습니다. 사람은 저마다 다르다는 것을 놓칠 때, 다시 말해 매뉴얼과 같이 형식적 절차로만 훈육을 하거나 갈등 조정을 할 때 예기치 못한 어려움이 생기곤 합니다. 여기에서는 네 가지 기질론을 계절에 빗대어 설명하고, 기질에 맞는 접근법을 소개하고자 합니다.

사람의 기질을 네 가지 기준으로 처음 분류한 사람은 의학의 아버지라고 불리는 히포크라테스입니다. 그는 고대 그리스의 4원소론을 인간에게 적용하여 나름대로 과학적인 접근을 시도한 인물입니다. 인간의 네 가지 주요 체액인 황담즙, 흑담즙, 점액, 혈액 중 어떤 게 우세하냐에 따라 담즙질, 우울질, 점액질, 다혈질로 구분한 것입니다. 이러한 기질론은 서양에서 이천 년 넘게 전승되며 발전해 왔습니다. 이것을 사계절에 비유해 살펴보면 이해가 더욱 쉽고 직관적입니다.

사계절과 기질

봄 기질 봄의 특성을 많이 가진 사람입니다. 봄은 새싹이 돋고 꽃이 피며 생동감이 넘칩니다. 밝고 가볍고 뭔가 새롭게 시작하는 느낌, 다채로운 느낌을 줍니다. 마찬가지로 사람 역시 봄 기질이 강한 사람은 몸과 마음이 가벼우며, 사람 만나는 걸 좋아하고 잘 어울립니다. 그리고 새로운 일을 벌이는 것을 아주 좋아합니다. 다만 집중력이 짧고 쉽게 싫증을 느껴서 마무리가 어려운 게 단점입니다. 다른 기질도 그렇지만 장점이 곧 단점인 법입니다.

여름 기질 더위, 강렬한 햇살, 쏟아지는 폭우, 불타듯 성장하는 초목처럼 여름 기질은 강한 에너지를 갖고 있는 사람입니다. 그래서 눈빛도 강하고 목소리도 큽니다. 걸을 때도 발뒤꿈치로 쿵쿵거리며 힘차게 걷습니다. 봄 기질이 발끝으로 나는 듯 가볍게 걷는 것과 차이가 있습니다. 여름 기질이 강한 사람은 마음먹은 걸 끝까지 하는, 의지가 강한 사람입니다. 다른 사람의 비판을 용납하지 못하고, 뜻대로 되지 않으면 불같이 화를 내는 성미입니다. 좋게 본다면 해야 할 일을 강하게 추진하고, 사람들을 이끌어 가는 리더십이 있습니다.

만약 봄 기질과 여름 기질이 산에 갔다면 봄 기질이 꼬드겨서 갔을 것입니다. 산 중턱쯤 갔을 때 봄 기질은 흥미가 떨어지고 다리가 아파 내려가자고 부추길지도 모릅니다. 그때 여름 기질이 하는 말이 있습니다. "이왕 왔으니까 정상은 밟아야지!" 여름 기질은 뭔가를 해낼 때 존재감을 느낍니다. 그래서 인정 욕구만큼이나 성취 욕구가 아주 큽니다. 이런 사람들은 남에게 지는 걸 싫어해서, 대상이 설령 부모나 교사여도 이기고 싶어 합니다.

가을 기질 가을이 되면 단풍이 들고 낙엽이 떨어집니다. 바람은 선선하다 못해 쌀쌀해지기까지 합니다. 봄의 분위기와 달리 어둡고 무겁습니다. 가을 기질이 강한 사람은 마음이 쓸쓸할 때가 많고 진지하고 차분합니다. 발걸음은 질질 끌듯 무겁고 생각에 잠겨 고개를 숙이고 있을 때가 잦습니다. 사려가 깊어 남들이 고려하지 못하는 부분에까지 생각이 미치고, 완벽하게 잘하고 싶은 마음이 큽니다. 하지만 현실적으로는 행동이 그만큼 미치지 못합니다. 다가오는 미래에 대한 걱정이나 두려움이 크고, 과거를 반추하길 잘합니다. 이러한 가을 기질이 균형을 잡으려면 반드시 운동을 해야 합니다. 생각을 멈추고 몸을 움직이는 게 좋지만 가을 기질은 골똘히 생각에 잠기는 게 일종의 취미 생활입니다.

2부 회복적 교육이란 무엇일까?

겨울 기질 폭설이 내리는 산골짜기에 오두막집이 있다고 했을 때, 그 집 안에 있는 사람을 떠올려 보면 됩니다. 오두막집의 굴뚝에는 연기가 모락모락 피어오르고 창문으로 불빛이 새어 나옵니다. 그 안에 있는 사람의 마음은 어떨까요? 아마 눈이 오고 날이 추운 것은 별 관심도 없을 것입니다. 매우 안락하고 느긋하겠지요. 이렇듯 겨울 기질은 내적 만족을 추구합니다. 잘 자고 잘 먹고 잘 쉬는 게 삶에서 가장 중요한 기쁨입니다. 새로운 일을 하기보다 익숙한 일을 하는 게 좋습니다. 뭐든 빠르게 하기보다 자기 속도에 맞게 천천히 하고 싶어 합니다. 겨울 기질이 강한 사람에게 부담스러운 과제를 빨리 하라고 다그치면 아무것도 하지 않으며 고집을 부릴지도 모릅니다.

교실에서 교사가 아이들에게 발표를 시킬 때, 봄이나 여름 기질 아이들은 기쁜 마음을 숨기지 않습니다. 신이 나서 발표를 하고 인정을 받고 싶어 하겠지요. 이에 비해 가을이나 겨울 기질 아이들은 불편한 기색을 드러낼 것입니다. 이것은 앞의 아이들이 외향적 특성을 갖고 있고, 뒤의 아이들이 내향적 특성을 갖고 있기 때문입니다. 그러나 네 가지 기질은 사람마다 다양하게 섞여 있기 때문에 쉽게 단정할 수는 없습니다. 섬세하게 관찰하고 기록하여 학생의 행동 패턴을 파악하는 게 좋은 접근입니다. 물론 주로 사용하는 기질적 힘이 있기 때문에 기질을 잘 파악하면 일상생활이나 갈등 상황에서 대처하는 데 도움이 됩니다.

기질에 따른 생활지도

봄 기질 아이는 밝고 아이답지만 오랫동안 집중하기 어렵습니다. 흥미가 금세 올라오는 반면 지속하는 시간은 짧기 때문입니다. 문제 행동을 혼내더라도 자기가 왜 혼나는지 모르는 경우가 많습니다. 따끔하게 혼을 내도 자기 자리로 들어가면서 장난을 쳐 교사를 화나게 할 수도 있습니다. 이 아이들은 약속을 정해도 잘 잊어버리고 스스로 뭔가를 끝까지 하기가 매우 어렵습니다. 따라서 교사의 손길이 더 많이 필요합니다. 혼날 상황을 만들지 않도록 적절히 안내하고 확인해 줄 때 갈등 상황이 덜 벌어집니다. 아이가 화났거나 속상해할 때는 그저 기분 전환을 해 주는 것만으로도 빠르게 감정이 풀어질 수 있습니다.

여름 기질 아이들은 자기 뜻대로 되지 않을 때 화가 폭발하고 폭력적 행동이 쉽게 나와 문제가 되는 경우가 많습니다. 친구 관계에서도 자기가 원하는 대로 되지 않으면 고집을 부리거나 주먹질을 할 수 있습니다. 반 친구들 모두를 통제하려고 하는 여름 기질 아이가 있다면 교사가 적절히 지도해 줘야 합니다. 어린 시절부터 부모의 권위를 경험하고 잘 통제받은 아이는 덜하지만 그렇지 못한 경우 교사의 권위를 인정하지 않고 저항할 수 있습니다. 따라서 여름 기질이 강한 아이는 평소에 친밀한 관계를 유지하기 위해 노력하되 경계를 잘 세워 줘야 합니다. 아이를 존중하면서도 잘잘못은 분명히 가리는 것입니다. 이때 중요한 것은 교사가 아닌 아이 스스로 자기의 문제 행동에 대해 말하게 하는 것입니다. 그래야만 아이는 자신의 잘못을 인정하고 개선하기 위한 자발적 책임을 이끌어 낼 수 있습니다.

생활지도에서 봄 기질 아이와 여름 기질 아이는 명확한 기준과 확실한 안내가 필요합니다. 그렇지 않고 자유롭게 하라고 하면 종잡을 수 없이 혼란스러워지거나 갈등이 생기기 쉽습니다. 특히 여름 기질 아이가 교실에 여럿 있다면 서로 자기 뜻대로 하겠다고 언성을 높일 것입니다. 이때는 교사는 분명한 선을 그어 주고 책임을 가져가는 게 좋습니다. 아이들에게 개방적 발화("오늘 체육 시간에 뭐 하고 싶니?")를 할 게 아니라 무엇을 할지("오늘 체육 시간에는 달리기 연습을 할 거야") 분명히 말하고 아이들의 의견을 듣는 방식입니다. 아이들과 토론을 하더라도 결정은 교사가 해야 합니다. 결정하는 사람에게 권위가 따라가기 때문입니다. 화가 난 여름 기질 아이는 훈계보다 잠시 마음을 식힐 공간과 시간이 필요합니다. 그런 다음에야 차분하게 이성적인 대화가 가능합니다.

가을 기질 아이들은 다른 사람의 의도까지 추측하고 확신하는 게 문제입니다. 이 아이들은 완벽주의와 피해의식 성향이 있을 수 있기 때문에 그때그때(표정이 좋지 않을 때) 대화를 시도하고 마음을 풀어 주는 게 중요합니다. 혼자 내버려두면 생각이 커져서 상황을 심각하게 해석하고 혼자 결론지을 수 있기 때문입니다. 가을 기질 아이들은 똑같은 일이어도 다른 아이들보다 상처받기 쉬우므로 섬세하게 대해야 합니다. 이때 교사는 편안한 태도를 보여 주는 것이 좋습니다. 긍정적이고 담대한 모습을 유지하면서 아이의 생각과 감정, 욕구를 물어보고 공감해 주는 것도 필요합니다. 그리고 교실에서 이 아이들에게 문제가 생겼을 때는 부모에게 미리 연락하고 상황을 설명하는 것이 일을 키우지 않는 방법입니다. 부모까지 가을 기질 성향이 강하다면 작은 일이 예상치 못하게 확대될 수도 있기 때문입니다.

겨울 기질 아이들의 경우, 대체로 평화를 사랑하기 때문에 친구 관계에서 별문제를 일으키지 않습니다. 하지만 반응이 느리고 잘 참기 때문에 이 아이들에게 지속적으로 장난치거나 괴롭히는 친구가 있을 수 있습니다. 인내심에 한계가 오면 겨울 기질 아이들도 굉장히 폭력적으로 반응할 수 있기 때문에 주의해서 지켜봐야 합니다. 만약 폭력적인 행위를 보였다면, 교사는 그 이면에 지속적인 괴롭힘 등 피해당한 사실이 있는지 살피고 정황을 충분히 고려해서 문제를 해결해야 합니다. 이 아이들은 다른 아이가 기분 나쁜 말이나 행동을 했을 때 적절한 대처법을 배울 필요가 있습니다. 순하다고 내버려두면 도움이 필요한 시기를 놓치기 쉽습니다.

아이들의 기질뿐만 아니라 교사와 부모의 기질도 잘 살펴봐야 합니다. 우리는 저마다 다른 성격을 지녔고, 그럼에도 서로를 이해하고 협력하며 살아가야 합니다. 아이들은 아직 자아가 독립하기 전이므로 자기중심적으로 살아도 별문제가 없습니다. 그러나 어른들은 자신의 기질을 잘 알아야 하고, 그 특정한 기질을 성숙하게 발전시켜야 합니다. 같은 기질이어도 미숙한 기질과 성숙한 기질은 큰 차이가 있기 때문입니다. 여기에 더해 교사는 자신에게 없는 기질 또는 부족한 기질을 계발해야 하는 과제가 있습니다. 나와 다른 기질의 사람을 만났을 때 온전히 상대방을 이해하기란 매우 어려운 일입니다. 그러니 어떻게 대해야 할지도 혼란스럽습니다. 그러나 나에게 없는 기질을 계발하고 끌어올려 보면 상대방을 바로 이해할 수 있습니다. 쉬운 일은 아니지만 어른에게는 가능한 일입니다. 나에게 없는 기질을 계발하는 방법은 그 기질이 있는 사람의 특성을 잘 관찰하고 모방하는 것입니다.

3부

회복적 관계는 어떻게 만들 수 있을까?

주제 질문
- 관계가 불편해지면 어떤 마음이 드나요?
- 교실에서 아이들이 서로의 존엄성을 인정하고 있나요?
- 교실에 서로를 존중하는 문화가 있나요?
- 교실에 문제 행동을 하는 아이가 있나요?
- 학부모와 신뢰 관계를 형성하고 있나요?
- 심각한 갈등, 즉 학교폭력에 대한 기준이 있나요?
- 교실에서 갈등이 벌어졌을 때 아이들에게 해결할 수 있는 능력이 있나요?
- 아이들 간의 갈등에 언제 개입하는 게 좋을까요?
- 아이들 간의 갈등에 대해 조정을 한 적이 있나요?
- 아이들 싸움이 학부모 싸움이 되지 않으려면 어떻게 해야 할까요?

실천 질문
- 아이들과 좋은 관계를 유지하기 위해 평소에 노력하는 것이 있나요?
- 학부모들과 좋은 관계를 유지하기 위해 평소에 노력하는 것이 있나요?
- 동료들과 좋은 관계를 유지하기 위해 평소에 노력하는 것이 있나요?
- 갈등이 생겼을 때 해야 할 첫 번째 일은 무엇일까요?
- 교실에서 갈등을 예방하기 위해 할 수 있는 일에는 무엇이 있을까요?
- 작은 갈등이 큰 갈등으로 확대되지 않도록 주의하는 것이 있나요?
- 교실에서 갈등을 예방하기 위해 학부모들과 어떤 관계를 맺어야 할까요?
- 갈등을 해결하는 방법으로 서클을 실천하고 있나요?
- 심각한 갈등이 생겼을 때 어떤 노력을 기울여야 할까요?
- 갈등 조정을 하기 위해 필요한 질문에는 무엇이 있을까요?

존중의 대화

사람은 누구나 다른 사람이 자기 마음을 알아주길 원합니다. 교실에서 학생들이 조용히 수업에 집중하고 끝나고는 감사 인사를 한다면 어떨까요? 집에 갔는데 가족이 평소 먹고 싶어 했던 음식을 차려 놓고 청소까지 깨끗이 해 놓았다면 어떨까요? 더구나 아무런 말도 하지 않았는데 그렇게 해 준다면 정말 행복할 것입니다. 그건 아이들도 마찬가지입니다. 아이들은 부모와 교사가 자기 마음을 알아주길 원합니다. 아무도 자기 마음을 알아주지 않으면 세상이 무너진 듯 서러워합니다. 어린아이들은 엉엉 울 수도 있습니다. 자기 감정과 욕구를 교사가 알아주면 아이들의 마음은 늘 든든할 것입니다.

속마음을 알아주는 것이 존중

다른 사람의 마음을 헤아리는 일은 매우 어렵습니다. 내 마음도 정확히 알기 어려운데 어떻게 다른 사람의 마음을 알아줄 수 있을까요? 저마다 다른 복잡 미묘한 마음을 말없이 정확하게 파악한다는 것은 불가능에 가깝습니다. 그러니 물어야 합니다. 어떤 생각을 갖고 있고 또 어떤 감정과 욕구가 있는지는 물어보지 않으면 알 수 없습니다. 그렇다고 어떤 일이 있었는지, 왜 그랬는지, 그것이 도덕적으로 옳은지 그른지 등에 대해서만 묻는다면 대화는 겉돌기 쉽습니다. 한 사람의 견해나 도덕적인 판단, 평가, 사실 관계 등은 겉마음에 지나지 않습니다. 감정과 욕구가 바로 우리의 속마음이고, 존중의 대화는 이 속마음까지 물어보고 표현하며 서로 연결되는 것입니다.

마음을 알아줄 때 우리는 진정으로 존중받고 있다고 느낍니다. 사람의 마음은 생각, 감정, 욕구로 이루어져 있는데 셋은 긴밀하게 영향을 주고받습니다. 생각이 감정에 영향을 주기도 하고 감정이 생각에 영향을 주기도 합니다. 마찬가지로 감정은 욕구에, 욕구는 감정에 영향을 줍니다. 그리고 생각은 기존에 갖고 있던 믿음에 큰 영향을 받습니다. 믿음이란 외부에서 주입된 것일 수도 있고 경험을 통해 형성된 것일 수도 있습니다. 생각을 물었을 때 판단이나 평가, 해석이 나오는 이유는 믿음 체계의 영향이 큽니다. 그래서 주관적인 생각(견해)과 객관적인 생각(관찰)을 구분할 필요가 있습니다.

마음을 알아준다고 할 때 가장 본질적인 부분은 욕구입니다. 사실 갈등의 근원에는 욕구와 욕구의 충돌이 있습니다. 감정에 가장 큰 영향을 주는 것은 욕구의 충족 여부입니다. 충족된 욕구에서 긍정적 감정이, 충족되지 못한 욕구에서 부정적 감정이 나옵니다. 부정적 감정은 다시 부정적 생각으로 이어집니다. 근래 부정적 생각이 많았다면, 먼저 어떤 일이 있었는지 떠올려 보고, 감정을 들여다본 뒤 그 근원에 있는 욕구를 살펴야 합니다. 이러한 과정을 통해 욕구가 파악되면 부정적 생각의 원인을 찾을 수 있습니다. 또한 욕구는 행동으로 이어집니다. 만약 부정적 생각이 잘못된 믿음에 기인한다면 합리적 사고를 통해 믿음 체계를 교정할 필요가 있습니다. 따라서 자신의 욕구를 전할 때는 바라는 행동까지 부탁하는 게 좋습니다.

다른 사람의 생각과 감정, 욕구가 어떤지 알아보려면 아래의 방식으로 질문할 수 있습니다. 상황에 따라 순서는 바뀔 수 있습니다.

생각 - "무슨 일이 있었니?"

"무슨 일이야? 잘 생각해 봐. 누구한테 무슨 말을 들었니? 무얼 봤어? 어떤 일을 겪었어?"(관찰)

(공감 : "그래, 그런 일이 있었구나. (구체적인 상황 정리) 이런 일이 있었다는 거지?")

"그때 어떤 생각이 들었어?"(견해)

(공감 : "그래, 그런 생각이 들었구나. 그런데 왜 그런 생각이 들었을까?")

감정 - "그때 어떤 기분이 들었니?"

"속상했니? 화가 났어? 답답하지는 않았고? 걱정됐어?" (말을 하지 않으면 추측해서 물어보기)

(공감 : "그래, 그때 많이 속상했구나. 지금은 기분이 어때? 어떤 마음이야?")

욕구 - "네가 원하는 게 뭐니?"

"그때 너는 어떻게 했으면 좋았겠어? 네가 바라는 게 뭐였어? 어떻게 하고 싶어? 어떻게 하면 좋을까? 너에게 필요한 게 뭐야?"

(공감 : "아, 네가 바라는 건 이런 거구나. 이렇게 해 줬으면 좋겠다는 거지?")

(부탁 : "그러면 네가 바라는 걸 그 친구에게 부탁해 볼까?")

존중과 공감

질문을 받은 아이가 답을 하지 않거나 못해도 괜찮습니다. 그저 물어봐 주는 것만으로도 아이는 존중받고 있음을 느낄 것입니다. 공감은 특별한 무언가가 아닙니다. 공감은 아이의 생각, 감정, 욕구를 확인해 주는 것입니다. 무슨 일이 있었는지를 묻고 확인해 주는 게 인지적 공감입니다. 우리가 잘 알고 있는 역지사지易地思之와 같습니다. 감정을 확인해 주는 건 정서적 공감이며 이심전심以心傳心에 해당합니다. 여기에 더해 욕구까지 확인해 준다면 아이는 깊은 위로를 받을 것입니다. 질문을 받은 아이가 정확하게 답을 하지 못할 때는 조심스레 추측하며 물어보는 것이 좋습니다.

요즘 아이들은 감정 어휘가 매우 부족한 편입니다. 감정에 대해 물어보면 "기분이 나빴어요. 안 좋았어요. 화났어요. 짜증 났어요" 정도로 대답하는 경우가 많습니다. 여기에 하나 덧붙이면 "몰라요"가 있습니다. 이것은 아이들을 탓할 문제가 아닙니다. 우리 교육이 어디에 더 힘을 쏟아야 하는지를 보여 주는 것이라고 생각합니다. 섬세하고 풍부한 감정 어휘를 배울 수 있다면 아이들의 공감 능력은 그만큼 커질 것입니다.

어린아이들도 모두 자아가 있는 존재들입니다. 그래서 존엄합니다. 어린아이들도 자기가 할 수 있는 일은 스스로 해내고 싶어 합니다. 어른이 과도하게 개입할 때, 아이는 "내가 할 거야!"라고 말하지요. 어린아이도 고유한 자아가 있는 존재이니 존중해야 하고, '내가 내 삶을 이끌어 가는 느낌'을 훼손해서는 안 됩니다. 자아존중감, 즉 자존감은 존중을 받으며 성장한 사람이 건강하게 키워 갈 수 있습니다. 그래서 마음을 알아주는 작업이 중요합니다. 동시에 다른 사람의 마음을 알아주는 것도 배워야겠지요. 아이들에게 무언가 말을 할 때도 존중의 방식을 그대로 사용할 수 있습니다.

한 아이가 친구와 말다툼을 하다가 "이 바보야, 그것도 몰라!"라고 크게 소리를 질렀을 때, 교사가 "너, 방금 뭐라고 그랬어? 친구한테 바보라고 하면 돼, 안 돼? 너 자꾸 선생님 속상하게 할 거야?"라고 말한다면 아이는 존중받지 못한다고 느낄 것입니다. 이때 다음과 같이 말한다면 더 좋은 대화를 이끌어 낼 수 있습니다.

"네가 친구에게 '이 바보야, 그것도 몰라'라고 말을 했을 때(생각), 나는 그 말을 듣고 불편한 마음이 들었어. 좀 속상하기도 했고(감정), 나는 네가 친구를 좀 더 존중해 주길 바랐거든(욕구)." 그리고 〈회복적 대화 노래〉를 아침 열기 시간이나 수업을 시작할 때마다 반복해서 아이들과 함께 부르면 자연스럽게 대화법을 익힐 수 있을 것입니다.

회복적 대화 노래

라트비아 민요
유혜진 개사

조금 빠르게

무슨 일이 있었니? 친구야! (짝 짝) 그때

기분어땠니? 친구야! (짝 짝) 네가 원하는 것이 뭐니?

친 - 구 - 야 내가 뭘 도와주면 될 - 까? (짝 짝)

문제 행동에 대해
이해하기

교실에서 학생들이 보이는 행동은 표면적인 현상일 뿐입니다. 정작 중요한 것은 왜 그렇게 행동했는지 이유를 파악하는 것입니다. 아이의 생각과 감정, 욕구와 믿음 등은 특정한 행동으로 이어지는 것들입니다.

아이들이 학교에 가는 가장 큰 이유는 친구들을 사귀고 어울리기 위해서입니다. 다시 말해, 아이들에게는 관계가 동기 부여의 요소입니다. 이 영역에서 아이들은 배울 것이 많고 그만큼 실수도 많이 합니다.*

아이들은 자존감을 유지하면서 친구를 사귀는 법, 선생님과

---

* Belinda Hopkins, Op. cit., p. 16.

친구들을 존중하며 반대 의견이나 자신의 요구를 주장하는 법, 격한 감정을 표현하고 듣는 법, 경청하고 공감하는 법, 협상하고 합의하는 법 등 관계를 관리하는 많은 방법을 배워야 합니다.

아이들이 어떤 사람이 되길 원하나요?

아이들이 말대꾸 없이 무조건 시키는 대로 하고, 자기 일에만 집중하고 친구들의 일에는 신경 쓰지 않도록 가르친다면 어떻게 될까요? 물론 이것을 '바람직한 행동'이라고 생각하는 어른들도 있겠지요. 그러나 곰곰이 생각해 보면 대부분의 어른들은 아이들이 주체적으로 성숙하게 살아가길 원합니다. 이를테면 스스로 생각하고, 동의할 수 없는 주장에는 이의를 제기하고, 이웃과 더불어 자신의 삶을 책임 있게 살아가길 바랍니다. 학생들이 단지 시키는 대로만 하는 로봇이 아니라 윤리적인 사람이 되도록 돕는 유일한 방법은 스스로 도덕적 의미를 고민하게 하는 것입니다.

문제 행동, 즉 행동상의 실수란, '한 사람의 행동이 자기 자신과 다른 사람들의 욕구와 관련하여 부적절했음'을 의미합니다. 교실에서 토론과 합의를 통해 모두의 욕구에 따라 '존중의 약속'이 정해졌다면, 이 '약속'을 지키지 못한 것은 부적절한 행동이며 해결해야 할 문제입니다.

실수 또는 잘못을 해결하지 않으면 아이들은 부정적 영향을 받게 되고, 관계도 악화될 수 있습니다. 하지만 행동상의 실수는 일

종의 반응입니다. 그것은 한 사람이 자신의 일에 얼마나 준비가
되어 있는지, 과연 의지와 능력이 있는지, 아니면 얼마나 남을 배
려하고 존중하며 행동할 수 있는지에 대한 반응일 수 있습니다.

문제 행동과 부정적 반응

부정적 반응에 효과적으로 대처하는 방법은 대화를 통해 자
세한 내용을 확인하고 상황을 정의롭게 해결하는 법을 찾는 것입
니다. 아이들은 실수를 통해 배웁니다. 하지만 교과 학습의 측면
에서 잘못했을 때와 행동 측면에서 잘못했을 때 교사의 반응은
각기 다를 수 있습니다.

수업 중 교사의 질문에 틀린 답을 하거나 실험을 하다가 비커
를 깨뜨렸다고 해서 학생을 처벌하는 경우는 없습니다. 질문에
대해 착각을 했을 수도 있고 우발적으로 실수를 했을 것이라고
보기 때문입니다. 마찬가지로 수학 시간에 학생이 교사의 설명을
듣고도 이해하지 못해 다시 설명을 요청한다고 해서 화를 내는
교사는 없을 것입니다. 오히려 수업에 열심히 참여한다며 학생을
칭찬할 수도 있습니다.

이와 달리 어떤 학생이 학급 규칙을 어기거나 존중의 약속을
지키지 못했을 때, 구체적으로 수업 중 교실 밖으로 뛰쳐나가고,
수업 시작종이 울렸는데도 교실에 들어오지 않고, 친구에게 욕설
을 하거나 발길질을 했을 때 교사는 대체로 이러한 실수 또는 잘

못을 용납하지 않습니다. 복도에서 뛰거나 거짓말을 했을 때도 마치 일어나선 안 될 일인 것처럼 여기고 벌점을 주기도 합니다.

행동상의 실수를 '사회-정서적이거나 인지적인 욕구가 충족되지 못해 발생한 반응'으로 간주하면 교사의 태도도 달라질 것입니다. 실수를 성찰과 회복의 기회로 여기게 됩니다. 아이들은 완벽한 존재가 아니어서 교실에서 많은 것을 배워야 합니다. 다시 말해, 교실은 필연적으로 실수를 저지를 수밖에 없는 공간입니다. 그 안에서 아이들은 실수를 바로잡고 반복하지 않기 위해 배우고 노력합니다.

이제 문제 행동에 대한 패러다임의 전환이 필요합니다. 학업상의 실수와 달리 행동상의 실수에 대해 부정적으로 판단하는 태도를 버려야 합니다.*

문제 행동에 대한 교사의 인식

학업상의 실수	행동상의 실수
실수는 우발적인 것이다.	실수는 고의적인 것이다.
실수는 반드시 일어난다.	실수가 일어나면 안 된다.
학습에서는 탐구가 필요하다. 학생들은 자기가 들은 것을 질문하고 도전하면서 배운다.	학생들은 행동상의 한계를 탐구해서는 안 되고, 질문과 요구를 해서는 안 된다. 학생들은 받아들이고 따라야 한다.
학업상의 어려움은 가르침이 더 필요하거나 수정된 가르침의 필요성을 보여 준다.	행동상의 어려움은 억제되어야 하며, 제재의 필요성을 보여 준다.

---

* Belinda Hopkins, Ibid., p. 19.

갈등에 대해
이해하기

회복중학교 1학년 은찬이와 아인이는 성격이 다르지만 평소 친하게 지내는 친구 사이입니다. 어느 날 점심시간에 말싸움을 심하게 한 뒤 갈등이 깊어져 공동체회복위원회가 소집되었고, 두 사람은 회복적 대화모임에 참여하게 되었습니다. 갈등이 벌어진 날, 점심을 먹은 은찬이는 조용히 앉아서 책을 읽고 있었습니다. 그때 아인이가 은찬이에게 운동장에 나가서 같이 축구를 하자고 졸랐습니다. 2학년과 시합을 하려는데 한 명이 부족하다는 것이었습니다. 이 일로 두 사람은 말다툼을 하다가 주먹다짐까지 갈 뻔한 것을 친구들이 말렸습니다. 대체 갈등이란 무엇이고, 왜 벌어지는 걸까요?

갈등이란 개인이나 집단 사이에 벌어지는 불화를 뜻합니다. 서로 양보하지 않고 대립할 때 갈등이 벌어졌다고 말합니다. 이것은 갈등의 근본 원인이 욕구의 충돌에 있음을 의미합니다. 바라는 게 서로 다를 때 갈등이 벌어질 수 있습니다. 물론 대화를 통해 의견을 조율할 수 있습니다. 서로 원하는 게 무엇인지를 표현하고 상대의 욕구를 존중할 때 갈등은 생기지 않습니다. 따라서 갈등은 평소에 자기 마음을 정확히 표현하고 상대를 존중하는 법을 배운다면 충분히 예방할 수 있습니다.

그러나 이것은 서로가 평등한 관계일 때 가능한 일입니다. 권력의 위계 구조가 형성되어 있을 때 대화를 통해 갈등을 해결하기는 어렵습니다. 아니, 대화 자체가 이루어지기 어렵습니다. 권력의 우위에 선 사람 또는 집단이 대화를 거부하기 때문입니다. 만약 아인이가 소위 '일진'이고, 은찬이는 평범한 학생이었다면 상황이 어땠을까요? 은찬이가 교실에서 조용히 책을 보겠다고 거절하는데도 아인이는 계속 밖에 나가자고 소리치며 윽박지른다면요? 더구나 은찬이의 멱살을 잡아 강제로 끌고 나가려고 한다면 이것은 갈등이라기보다 폭력에 해당합니다.

교실에 형성된 권력관계를 보지 못하고 형식적인 대화만 한다면 갈등 상황은 나아질 수 없습니다. 대화는 힘의 균형을 맞춘 다음에 가능한 일입니다. 그래서 조정에서는 가해자의 힘을 빼고 피해자에게 힘을 실어 주는 작업이 필요합니다. 사전모임에서 가해 학생과 대화할 때 피해 학생이 입은 피해를 중심으로 질문하고, 본모임 때도 피해 학생에게 힘이 되는 친구 또는 교사를 참석하게 하는 것이 그 예입니다. 학급에서 문제 해결 서클을 통해 반 친구들의 이야기를 가해 학생에게 들려주는 것 역시 마찬가지입 니다. 가해 학생의 권력은 또래 압박을 통해 약화됩니다.

갈등의 ABC

세계적 평화학자인 요한 갈퉁에 따르면 갈등에는 세 가지 요인 이 있습니다.* 우선 눈에 띄는 행위(B : behavior)와 눈에 띄지는 않지만 행위 저변에 깔려 있는 태도(A : attitude)로 구분됩니다. 아인이가 화를 내고 은찬이는 아인이를 쳐다보려 하지 않는다 면 이 상황은 잠재적 갈등입니다. 구체적인 말이나 행위가 나왔 을 때 그것은 명시적 갈등이 됩니다. 아인이가 소리를 지르고 멱 살을 잡았을 때 참다못한 은찬이가 아인이의 손을 꺾으면서 욕 설을 했다면 명시적으로 갈등이 벌어진 것입니다. 그런데 이러한 갈등이 생기는 원인에 모순(C : contradiction)이 있습니다. 모순은 관계 안에서 추구하는 욕구나 목표가 서로 어긋나게 된 구조적 원인입니다. 권력의 위계 구조, 평화롭지 않은 교실 문화 같은 것 이 구조적 모순입니다. 갈등은 태도(A)와 행위(B) 그리고 모순(C) 의 합이며, 이 셋이 모여 갈등의 삼각형을 이룹니다.

---

* 요한 갈퉁, 강종일 외 옮김(2000), 《평화적 수단에 의한 평화》, 들녘, 168쪽.

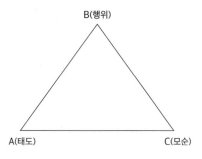

갈등 = 태도(A) + 행위(B) + 모순(C)

갈등의 삼각형

　이때 폭력은 신체적 손상을 가져오고, 정신적으로 압박을 가하며, 재산상 피해를 유발하는 말과 행위를 뜻합니다. 폭력적인 행위는 피해를 낳습니다. 다만 학생들 간의 갈등에는 여러 단계가 있고, 모든 행위를 폭력으로 규정하고 개입하려 들면 오히려 관계를 더 훼손할 수 있습니다. 폭력을 규정하는 일은 대단히 미묘하고 복잡한 문제지만 중요한 것은 당사자의 느낌과 판단입니다. 허용 가능한 짓궂은 장난과 용납할 수 없는 폭력 행위의 차이는 당사자가 그것을 피해로 인식하느냐, 하지 않느냐에 따라 달라집니다. 따라서 한 학생이 장난으로 여기고 가한 행위를 다른 학생이 고통으로 느낀다면 폭력 행위가 될 수 있습니다. 그때는 바로 중단하고 사과하는 것이 좋습니다.

파괴적 갈등과 건설적 갈등

갈등과 폭력 모두 관계가 건강하지 않음을 보여 줍니다. 건강한 관계에서는 갈등이나 폭력이 쉽게 발생하지 않습니다. 권력의 비대칭 없이 평등한 관계, 자기 마음을 정확히 표현하고 서로를 존중하는 관계에서는 양보하고 배려할 수 있기 때문입니다. 따라서 우리는 평소에 관계가 잘 형성될 수 있도록 노력해야 합니다. 갈등이나 폭력 사안이 발생했을 때는 관계 회복을 위해 애써야 합니다. 갈등이나 폭력 사안을 감추는 것은 매우 건강하지 못한 행위입니다. 그러한 분위기에서 파괴적 갈등Destructive Conflict이 나오고, 권력관계는 더욱 공고해집니다.

반면 건설적 갈등Constructive Conflict에서는 갈등을 통해 서로의 욕구를 확인하고 관계를 강화할 수 있습니다.* 갈등 자체는 사실 나쁠 것도 좋을 것도 없습니다. 오히려 적절한 긴장과 갈등이 있을 때 학습이나 업무 효율이 높아지는 법입니다. 관계를 개선하기 위해서는 사소한 갈등이나 폭력이라도 솔직히 드러내고 함께 대화해야 합니다. 참거나 묻어 두는 태도는 결국 호미로 막을 일을 가래로도 못 막는 사태를 초래합니다. 소통 연습은 꾸준히 해야 하고, 마음에 걸리거나 불편한 일이 있다면 그때그때 용기를

---

* 데이비드 존슨·로저 존슨, 추병완·김영은 옮김(2000), 《갈등 해결을 통한 학교 폭력 예방》, 백의, 37쪽.

갈등의 유형

파괴적 갈등	건설적 갈등
• 인간은 본래 이기적이고 폭력적이며 서로 분리된 개체이다.	• 인간은 서로 연결되어 있으며 다른 사람들을 위해 기여하고자 하는 욕구가 있다.
• 우리가 승리하기 위해서는 상대방의 희생이 필요하다.	• 모든 참여자가 각자 자신의 목적을 달성한다.
• 참여자들은 서로에게 화를 내고 상처를 주며 서로를 불신한다.	• 참여자들은 서로를 좋아하고 존중하며 더욱 신뢰한다.
• 이후 갈등을 건설적으로 해결할 가능성이 줄어든다.	• 이후 갈등을 건설적으로 해결할 수 있는 잠재력이 커진다.

내어 드러내는 게 좋습니다.

갈등은 관계 속에서 연결감을 약화시키고 단절감을 키웁니다. 갈등이 악화될수록 마음은 단절감에서 적대감으로, 적대감에서 혐오감, 증오심, 파괴적 충동으로 치닫게 됩니다. 갈등이 고조되는 과정을 살펴보면, 초기에는 당사자들을 잠시 분리하는 것으로도 갈등을 해소할 수 있습니다. 그러나 갈등이 점점 고조되면 감정이 쌓이고 이기고 지는 승부가 되어 버립니다. 이때부터 전문가의 개입이 필요합니다. 더 악화되면 서로를 파괴하기 위해 모든 것을 희생하는 전쟁 상태가 되기 때문에 전문가의 개입이 유일한 해결책입니다.

구체적으로 갈등은 어떻게 고조되는 걸까요? 우선 갈등 고조의 과정을 정확히 파악할 필요가 있습니다. 그래야 갈등을 중간에 멈추고 해결하는 작업이 가능합니다.

갈등 고조의
9단계

오스트리아의 정치학자 프리드리히 글라즐에 따르면 갈등이 고조되는 과정에는 9단계가 있습니다.* 그의 모델에서 갈등의 단계는 썰매를 타고 비탈길을 내달리듯이 가속화됩니다. 멈춤과 조정이 없다면 갈등 당사자들은 엄청난 에너지를 소모하면서 파국으로 치닫게 될 것입니다. 일단 갈등이 벌어지면 내부 논리에 따라 발전할 수밖에 없습니다. 따라서 갈등 상황을 사전에 예방하는 것만큼 좋은 해결책은 없습니다.

---

* Thomas Jordan(2000), *Glasl's Nine-Stage Model Of Conflict Escalation*(www.mediate.com/articles/jordan.cfm).

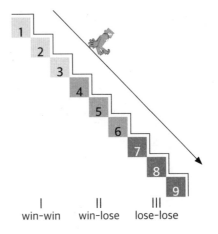

단계별 갈등 고조 모델

1단계 : 경직
2단계 : 논쟁
3단계 : 대립
4단계 : 적대적 이미지와 패거리 형성
5단계 : 체면 손상
6단계 : 위협
7단계 : 제한적 파괴 행위
8단계 : 상대방의 제거
9단계 : 공멸

I
win-win

II
win-lose

III
lose-lose

파란불 단계 : win-win

1단계 : 경직

아인이가 밖에 나가서 같이 축구를 하자고 말했을 때, 은찬이는 웃으며 "재밌게 놀아. 난 책 읽을 거야"라고 말했습니다. 그런데 아인이가 물러서지 않고 두 번, 세 번 조르자 은찬이의 얼굴이 굳어졌습니다. 물론 조르는 아인이의 표정도 딱딱하게 굳어 갔습니다.

갈등 고조의 첫 번째 단계는 관계에서 어떤 쟁점이나 욕구 불만의 문제가 해결되지 않을 때입니다. 갈등은 풀리지 않고 계속된 노력은 실패합니다. 아직 대화를 시도하지만 해결의 실마리를 찾기 어렵습니다. 서로에 대해 실망하고 상대방이 진심으로 갈등을 해결하려는 의지가 있는지 의심하게 됩니다. 경직 또는 긴장 단계입니다.

2단계 : 논쟁

"야! 나는 네가 나가서 놀자고 하면 항상 나갔잖아. 가자!" 아인이의 말에 은찬이가 답답하다는 듯이 대답합니다. "그건 아는데, 나 이거 오늘까지 다 읽어야 한다고." 그러자 아인이가 목소리를 키웁니다. "너 지금 안 나오면 다시는 너랑 안 놀아!" 지지 않고 은찬이가 응수합니다. "놀지 마, 그럼!"

갈등 고조의 두 번째 단계는 논쟁 또는 말싸움입니다. 상대방이 자신의 합리적 주장을 받아들이지 않는 것처럼 보이기 때문에 대화는 말싸움으로 발전합니다. 당사자들은 자신의 주장을 관철하기 위해 더 강력한 방법을 찾습니다. 그러나 발언을 강하게 하면 할수록 융통성은 사라지고 대화는 더욱 경직되어 갑니다.

3단계 : 대립

"알았어! 다시는 너랑 안 놀아!" "진짜 말이 안 통하네. 놀지 마! 너랑 이제 말도 안 할 거야!" 아인이는 교실 문을 발로 차고 나갔습니다. 은찬이는 분이 풀리지 않는지 읽던 책을 내동댕이쳤습니다. 친구들이 다가와 "너희 싸웠어?"라고 묻자, 은찬이는 "싸웠다, 그래. 다시는 재랑 말도 안 섞을 거야!"라고 소리쳤습니다.

갈등 고조의 세 번째 단계에서 당사자들은, 대화로는 더 이상 아무것도 해결할 수 없다고 생각합니다. 공통의 관심사를 향해 협력해 가는 관계는 끝났고, 당사자들은 서로를 오로지 이기고 지는 게임의 경쟁자로만 봅니다. 이 단계에서 가장 중요한 것은 상대방이 목표에 도달하는 것을 어떻게든 막고, 자신의 이익을 관철시키는 것입니다. 처음에는 어느 한쪽이 명백히 잘못을 했어도, 이 단계에 와서는 대응 양상이 서로 닮아 가기 때문에 차별성이 사라집니다.

3단계까지 진행되었어도 아직 심각한 상황은 아닙니다. 더 이상 부딪히지 않고 시간을 가지면 자연스레 마음이 풀리기도 하기 때문입니다. 시간이 어느 정도 흐른 뒤 둘 중 한 명이 용기를 내서 먼저 사과하고 대화를 시도하면 관계를 회복할 가능성이 큽니다. 이때까지는 특별한 대화법이 필요하지 않습니다. 고조된 감정을 식힐 시간을 가지고 더 이상 부딪히지 않도록 갈등을 관리하면 큰 문제가 안 됩니다. 만약 그렇게 하지 못한다면 갈등은 새로운 양상으로 발전합니다.

노란불 단계 : win-lose

4단계 : 적대적 이미지와 패거리 형성

아인이는 은찬이 때문에 시합을 못 하게 되었다고 생각해서 더 화가 났습니다. 운동장에 나가서는 기다리던 친구들에게 은찬이를 욕하기 시작했습니다. "이기적이고 재수 없는 녀석"이라고 험담을 하자, 다른 친구들도 거들었습니다. 이것은 은찬이도 마찬가지여서 교실에 있는 친구들과 아인이의 뒷담화를 했습니다. 점심시간마다 축구 시합을 하는 친구들을 싸잡아 "머리가 나쁘다"며 비하하고 비웃었습니다.

2단계와 3단계를 거치며 발전한 상대방에 대한 '편견'은 특정 이미지로 통합됩니다. 갈등 당사자들은 패거리를 형성해 상대방 패거리에게 집단적 특성을 부여하기 시작합니다. '게으르고 믿을 수가 없다'거나, '무능하고 무책임하다'는 식으로 낙인을 찍는 것입니다. 물론 양측은 상대방이 부여하려는 이미지를 격렬하게 거부합니다. 동시에 자신의 고정 관념을 상대방에게 주입하려고 애씁니다.

5단계 : 체면 손상

아인이와 은찬이의 갈등은 급기야 반 전체 대화방에서도 불거졌습니다. 아인이는 은찬이가 읽던 책이 여자애들이 주로 보는 로맨스

소설이라며 비아냥대는 글을 대화방에 올렸습니다. 아인이와 친한 친구들이 동조하며 성적인 농담까지 하자 은찬이는 대화방을 나갔습니다. 그럴 때마다 아인이는 친구 초대를 해서 은찬이를 다시 대화방으로 불러왔고, 대화방을 나가는 게 꼭 겁먹은 여자애 같다며 놀렸습니다. 은찬이는 아인이에게 다시는 친구 초대를 하지 말라고 경고했지만 상황은 더 심각해졌습니다.

공개된 장소에서 상대방을 모욕하고 비난하며 공격 사실을 부인하지 않는 상황이 되면 다섯 번째 단계에 도달한 것입니다. 이 단계에서는 상대방의 체면을 깎아내리는 게 직접적 의도임을 명확히 합니다. '체면'이란 공동체에서 한 구성원이 갖는 기본 평판을 뜻합니다. 더럽혀진 체면은 쉽게 회복되지 않기 때문에 낙인찍기는 공격의 주요 소재로 활용됩니다. 양쪽은 서로에게 공개 사과를 요구하지만 어느 쪽도 받아들이지 않습니다. 사과하는 것이 스스로 체면을 깎는 일이라고 생각하기 때문입니다.

6단계 : 위협

다음 날 교실에서 은찬이는 아인이에게 소리를 지르며 어제 한 일에 대해 사과하라고 다그쳤습니다. 당장 사과하지 않으면 가만히 있지 않겠다고 했습니다. 그러자 아인이가 "왜? 가만히 안 있으면 뭐? 힘도 없는 게 센 척하지 마라"라고 비아냥댔습니다. 은찬이는 눈을 부릅뜨고 "한마디만 더 해 봐. 주먹 날릴 테니까!"라고 말했습니다.

그때 아인이가 대뜸 "쳐 봐. 돈 좀 벌어 보게. 어서 쳐 봐!"라며 얼굴을 들이댔습니다. 이 순간 친구들이 두 사람을 붙잡아 말리고, 담임 선생님을 모셔 왔습니다. 사안이 심각하다고 여긴 담임 선생님은 공동체회복위원회를 소집하고 회복적 대화모임을 진행했습니다.

체면을 잃고 보복 행위가 이어지면서 갈등 당사자들은 구경꾼들과 분리됩니다. 적 아니면 동지인 극단적 상태여서 당사자가 아닌 사람들은 빠르게 주변화됩니다. 사태를 객관적으로 관찰하고 적절한 조언을 해 줘야 할 사람들이 구경꾼으로 밀려나면서 갈등은 더욱더 악화됩니다. 이제부터는 대안이 없다고 생각하기 때문에, 당사자들은 자신이 원하는 방향으로 상대방을 압박하기 위해 위협을 가하기 시작합니다.

노란불 단계에서는 파란불 단계처럼 당사자들을 분리하고 시간을 갖는다고 해서 상황이 나아지지 않습니다. 이미 감정의 골이 깊어져 쉽게 풀리지 않고 더욱 악화되기 때문입니다. 교실에서 학생들이 수업 중에 서로를 비난하거나 체면을 깎아내리는 등의 행위를 계속한다면 이미 4, 5단계라고 할 수 있습니다. 서로 위협하는 말이 나온다면 6단계입니다. 이런 분위기에서는 수업이 제대로 이루어질 수 없습니다. 일단 갈등을 멈추고 관계를 회복하는 것이 급선무입니다. 만약 여기에서 멈추지 못한다면 아인이와 은찬이는 주먹다짐을 벌일 수 있습니다. 그때부터는 심각한 학교폭력 상황이 됩니다.

빨간불 단계 : lose-lose

7단계 : 제한적 파괴 행위

회복적 대화모임을 통해 아인이와 은찬이는 갈등 상황을 끝냈지만, 그러지 못했다면 서로에게 폭력적인 행위를 했을 가능성이 큽니다. 상대방의 소지품을 몰래 숨기거나 버릴 수도 있고, 발로 차거나 주먹으로 때리는 행위를 할 수도 있습니다. 은찬이가 아인이에게 주먹을 날리겠다고 협박한 후 단 한 대도 때리지 못했다면 그것은 은찬이에게 패배나 다름없습니다. 따라서 어떻게든 제한적이나마 폭력 행위를 할 가능성이 커집니다.

위협은 갈등 당사자들의 안전에 대한 기본적인 믿음을 약화시킵니다. 이제 당사자들은 상대방이 매우 파괴적인 행위를 할 것이라고 예상합니다. 안전을 확보하는 일은 필수적인 관심사가 됩니다. 상대방의 안전까지 고려하는 해결책은 더 이상 없습니다. 상대방은 제거해야 할 장애물로서 순수한 적이며, 인간성은 고려되지 않습니다. 단지 공격을 퍼부어야 할 대상일 뿐입니다. 이 단계에서 상대방이 입는 손해는 자신의 이익에 아무런 도움이 되지 않지만, 무조건 좋은 일로 간주됩니다.

8단계 : 상대방의 제거

갈등 고조의 여덟 번째 단계에서 공격은 더욱 강화됩니다. 이제 상대방 또는 상대 세력이 소중히 여기는 것과 권력 기반, 시스템을 파괴하는 것이 유일한 목표가 됩니다. 상대 세력의 결정 능력을 붕괴시키기 위해 대표자, 협상가 그리고 지도자는 공격의 표적이 됩니다. 이것은 상대 세력의 정체성을 무너뜨리고, 조직의 존립 자체를 위협하는 일입니다. 이러한 공격 방식은 갈등 당사자들의 스트레스와 내부 갈등을 키웁니다. 이 상황에서 유일한 억제 요인은 자신의 안전과 생존에 대한 관심뿐입니다.

갈등 당사자들을 국가라고 했을 때 이것은 전쟁과 같은 상황입니다. 적국의 기지나 발전소 등 주요 시스템을 파괴하기 위해 포격을 가하고, 전투기로 민간인 주거 지역까지 공습을 하는 것입니다. 적국의 지도자들을 암살하기 위해 특공대를 파견하기도 합니다. 일상에서 이러한 단계는 "너 죽고 나 살자" 정도의 공격적인 행위로 나타납니다.

9단계 : 공멸

갈등 고조의 마지막 단계에서는 자신의 안전과 생존 욕구마저 무시됩니다. 상대방을 제거하려는 노력이 너무 강해졌기 때문입니다. 파멸, 파산, 투옥, 신체적 손상 등 더 이상 중요한 게 없습니다. 다리는 모조리 불에 탔고, 돌아갈 길은 없습니다. 양심의 가책 따위는 사치입니다. 무고한 희생자는 없으며, 중립적인 당사자도 없습니다. 나락으로 떨어지는 이 상황에서 남아 있는 유일한 관심사는 상대방 역시 처참하게 몰락하고 있는지 확인하는 것뿐입니다.

이 단계는 그야말로 "너 죽고 나 죽자"의 극단적 상황입니다. 일본이 행했던 가미카제나 미국에서 벌어졌던 9.11 테러 같은 사건이 대표적입니다. 소위 '자살 폭탄 테러'라고 말하는 절망적 행위가 이 단계에 해당합니다. 빨간불의 단계 전체가 관계의 완벽한 단절을 의미합니다. 노란불 단계처럼 이기고 지는 수준을 넘어 이미 양쪽 다 지는 게임임을 모두 알고 있기 때문에 파국적인 전쟁 상태로 이어질 뿐입니다. 따라서 가정폭력이나 학교폭력이 빨간불 단계에 이르렀을 때는 전문적으로 훈련을 받은 갈등 조정가에게 도움을 청해야 합니다.*

---

* 갈등 조정가의 도움이 필요한 경우 한국회복적정의협회 등 전문 기관에 문의하세요.

갈등 조정은
왜 필요할까?

응보 감정은 무척 힘이 셉니다. 반감에서 시작된 응보 감정이 마음을 지배하게 되면, 우리는 상황을 한 방향으로 판단하고 규정합니다. 일단 판단이 서면 응징하고자 하는 의지가 강해지는데, 어른일수록 경직된 모습을 보입니다. 아이들은 싸우고 나서 감정이 안 좋더라도 시간이 지나거나 대화를 통해 풀면 금세 다시 친하게 지냅니다. 하지만 아이들의 갈등이 부모들 간의 싸움이 되면 해결하기 매우 어렵습니다. 어른들은 아이들처럼 사고가 유연하지 않기 때문입니다. 갈등의 초기 대응이 중요한 이유입니다.

응보 감정과 폭력의 악순환

응보 감정에 사로잡힌 의지는 맹목에 가까울 정도로 결과를 추동합니다. 그 결과는 대체로 파괴적인데, 응보 감정은 강력한 응징을 원하기 때문입니다. 잘못을 저질렀으면 벌을 받아야 한다는 것이 응보의 정신입니다. 합의가 이루어지지 않을 때, 피해자가 가해자에게 복수를 하거나 공동체 안에서 권위자에 의해 가해자가 응징을 당하는 방식으로 대중의 응보 감정은 해소되었습니다. 만약 응보가 이루어지지 않으면 대중은 불안감, 억울함, 분노심 등을 느낍니다. 이런 경우 공동체 사회는 위기에 빠질 수밖에 없습니다.

많은 이야기와 연극, 드라마, 영화에 이러한 응보가 단골 소재로 쓰인다는 건 그만큼 대중적 현상임을 보여 줍니다. 짐짓 점잖은 태도를 보이는 사람도 인륜을 어긴 범죄에는 대부분 잔인한 복수를 원합니다. 이것은 인류의 뿌리 깊은 욕망으로 보입니다. 어쩌면 우리는 정당한 응보가 이루어지지 않는 부조리한 현실을, 통쾌한 복수극을 통해 해소하고자 하는 것일지도 모릅니다. 문제는 이야기와 달리 현실에서는 복수가 복수를 부른다는 사실입니다. 응보 감정에 사로잡혀 벌인 폭력은 악당과 영웅의 경계를 허물고 모두를 괴물로 만듭니다. 폭력의 악순환은 공동체의 존립을 근본에서부터 흔듭니다. 그래서 발달한 것이 국가 사법 체계입니다.

국가가 형성된 이후 사적 보복은 허용되지 않았습니다. 응보 감정을 해소하는 처벌은 국가 권력에 위임되었고, 범죄가 벌어지면 피해자를 대신해 국가가 가해자를 처벌합니다. 처벌은 법규에 따라 이루어지지만 처벌 여론이 거센 경우 범죄자는 실제로 행한 잘못에 비해 과중한 처벌을 받기도 합니다. 그리고 종종 권력 기관에 의해 여론 조작이 벌어져 죄 없는 사람이 엄벌에 처해지기도 합니다. 그렇다면 응보 감정은 정당한 것인지 돌아볼 필요가 있습니다. 우리의 정의 관념은 응보주의와 연결되어, '잘못한 사람을 처벌하는 것이 곧 정의'라는 믿음을 오랫동안 공유해 왔으니까요.

정의 욕구를 충족하는 새로운 방법

응보 감정의 뿌리에는 정의에 대한 욕구가 숨어 있습니다. 범죄는 도덕에 어긋나는 일로 정의롭지 못합니다. 도덕과 정의는 안전한 삶의 토대인데, 도덕이 땅에 떨어지고 불의가 만연한 세상에서 인간다운 삶은 불가능합니다. 따라서 범죄에 공분하고 처벌을 요구하는 것은 몹시 자연스럽고 인간적인 모습입니다. 하지만 감정에만 사로잡혀 문제를 해결하려 들면 비인간적 결과를 낳게 됩니다. 피해 회복이나 문제의 구조적 해결이 아니라, 자칫 응보 그 자체에 매몰될 수 있기 때문입니다. 그것은 마치 동물들이 영역이나 먹이를 두고 싸움을 하는 수준과 같을 것입니다. 동물들은 오로지 힘만으로 문제를 해결하니까요.

인간 사회에서 범죄나 갈등은 언제든 벌어질 수 있지만, 응보가 아닌 다른 방식의 접근이 가능합니다. 인간에겐 동물과 달리 정신적 자아가 있기 때문입니다. 우리의 자아는 감정의 영향을 받지만 감정을 통제하기도 합니다. 자아는 사고, 감정, 의지라는 마음의 작용을 주관하는 지배자로서 우리 삶의 주인입니다. 감정이나 욕구와 같은 마음이 자아를 지배할 때 우리는 동물 수준으로 떨어집니다. 따라서 우리는 응보 감정을 합리화하는 사고가 아닌 좀 더 보편적이고 전체적인 관점에서 성숙한 사고를 할 필요가 있습니다. 우선 자아는 자기 마음을 알아차릴 수 있어야 합니다. 노력을 기울인다면 현재의 부정적인 생각이 어떤 감정에서 왔는지, 그 감정은 어떤 욕구가 충족되지 않아서 생겨난 것인지, 나아가 그것이 어떤 믿음에서 기인한 것인지, 우리는 바라볼 수 있습니다.

이러한 알아차림이 없을 때 갈등은 급격하게 고조됩니다. 반감에서 시작된 부정적 감정이 혐오감이나 증오감으로 바뀌는 건 순식간입니다. 그렇게 강한 감정에 지배될 때 우리는 미숙한 판단을 내리기 쉽습니다. 여러 이유를 가져와 그 판단과 행동을 합리화할 수는 있어도 본질은 응보 감정입니다. 개인 간의 갈등일지라도 고조되기 시작하면 집단 간 갈등으로 금세 확대되며, 어느 순간 공격성이 앞설 뿐 건설적인 해결책은 강구할 수 없습니다. 서로 악감정으로 치닫는 것입니다. 이럴 때 우리는 자기도 모르게 자기중심적 사고 수준으로 떨어지게 됩니다. 집단 간의 갈등 속에서 개인은 무력한 구성원으로 전락할 뿐입니다.

갈등 조정의 길

공동체 안에 응보 감정이 맹렬해질 때 해야 할 일은 더 이상 고조되지 않게 갈등을 멈추고 마음의 평정을 되찾는 것입니다. 감정이 고조된 상태에서는 당사자 간의 합리적 대화가 불가능합니다. 따라서 심각한 갈등 사안은 당사자 간에 해결하기가 매우 어렵습니다. 당사자들과 관련이 없는 제3자의 개입이 필요합니다. 제3자는 질문을 통해 당사자들의 마음을 들어 주고, 그들 안에서 합리적 해결책이 나오도록 도울 수 있습니다. 이것이 조정mediation입니다. 그럴 때 비로소 우리는 인간성을 회복하게 됩니다.

우리가 정말로 원하는 것은 무엇일까요? 내가 옳고 상대방이 틀렸다는 걸 입증하는 것일까요? 상대방의 파멸일까요? 기계적 원칙이 지켜지는 것일까요? 한발 떨어져서 생각해 보면 아닐 것입니다. 당장은 감정에 사로잡혀 상대방이 혐오스럽고 내가 다 옳다고 생각할 수 있습니다. 하지만 시간이 지나 냉정을 되찾고 나면, 공동체와 자신의 회복과 성장이 진정한 욕구라는 것을 깨달을 수 있습니다. 그리고 이것이 진정한 의미의 '정의'일 것입니다.

고조된 감정은 스스로 또는 누군가 정확히 알아줄 때 풀립니다. 감정뿐만 아니라 생각과 욕구 역시 공감이 필요합니다. 판단이나 평가, 해석이 아니라 마음을 있는 그대로 알아주고 인정할 때 마법 같은 일이 벌어집니다. 극단으로 치닫던 마음이 다시 평정을 되찾고 합리적 대안을 모색하게 됩니다. 이것은 우리가 자아를 가진 정신적 존재이기 때문에 가능한 일입니다.

문제 해결 서클

학생들 간의 갈등이 학교폭력으로 확대되면 여간 복잡하고 어려운 게 아닙니다. 엄격한 절차를 밟아야 하고 학부모 간의 갈등까지 감당해야 하기 때문입니다. 괴롭힘이나 따돌림의 문제는 가급적 초기에 다뤄야 합니다. 그러기 위해서는 교실에서 일상적으로 서클이 이루어지는 게 좋습니다.

말로 표현하기 어려운 문제는 일상적인 글쓰기를 통해 드러낼 수 있습니다. 영화 〈프리덤 라이터스 다이어리〉를 보면, 폭력과 가난의 악순환 속에서 절망에 시달리는 아이들이 글쓰기 수업을 통해 변화하는 모습이 등장합니다. 날마다 자신의 생각과 경험을 글로 쓰면서 자기 객관화가 이루어지고 용기를 되찾게 된 것입니다. 서클에서도 글쓰기를 도입할 수 있습니다. 말로 표현하기 어려운 문제가 있다면 쪽지에 써서 진행자에게 전달하는 것도 하나의 방법입니다.

사전모임과 본모임

서클은 관계 형성뿐만 아니라 갈등 상황을 해결할 때도 매우 유용합니다. 큰일이 아니라면 처음부터 반 전체 아이들이 참여하는 서클을 진행해도 좋습니다. 다만 심각한 사안이라면 사전 작업을 반드시 거쳐야 합니다. 가해 학생(들)과 피해 학생(들)을 따로 만나는 사전모임을 먼저 하고, 양측 모두가 원할 때 본모임을 해야 합니다. 어느 한쪽이라도 본모임을 원하지 않으면 서클을 진행해서는 안 됩니다.

사전모임에서 대부분의 가해 학생은 사태의 심각성을 인지하지 못합니다. 거짓말을 하거나 그저 장난으로 치부하며 변명할 수 있습니다. 가해 학생의 입장에서는 자기방어적 태도를 취하는 것입니다. 이때 교사는 잘잘못을 가리기보다 피해 회복에 초점을 두고 문제 상황을 해결해야 한다는 점을 떠올려야 합니다. 이것은 '가해 의도가 있었는가', '도덕적으로 문제가 있는가', '학칙에 위배되었는가' 등의 질문보다 '피해를 호소하는 학생이 어떤 어려움을 겪고 있는가'라는 질문이 우선이란 뜻입니다.

피해를 입은 학생과 가해 학생을 무조건 분리하는 것은 좋은 방법이 아닙니다. 피해 학생이 자신이 받은 영향, 즉 자신의 어렵고 힘든 점을 가해 학생 앞에서 말할 수 있을 때 회복이 시작됩니다. 마찬가지로 가해 학생도 피해 학생의 이야기를 직접 들을 때 비로소 자신의 말과 행동에 대한 영향을 인식하게 됩니다. 그때 미안한 마음이 우러나오고, 책임지려는 의지가 생깁니다. 만약 힘들어하는 친구의 이야기를 들어도 미안한 마음이 들지 않는다면, 가해 학생은 처벌보다 치유가 필요한 상황일지도 모릅니다. 도덕성이 형성되어 있지 않거나 파괴되었기 때문입니다.

어느 날 교실에 지우가 무거운 가방을 들고 왔습니다. 그런데 옆에 앉은 서아가 무심코 "우리 엄마가 그러는데, 가방이 무거우면 머리가 나쁘다더라"라고 말했습니다. 그 말을 들은 지우는 마음이 어떨까요? 기질에 따라 반응이 다르겠지만 예민한 성격이라면 종일 불쾌하고 공부하고 싶은 의욕마저 잃을지도 모릅니다. 만약 교사가 이 사실을 알게 되어 서아를 꾸짖는다면 어떤 반응이 나올까요? "그런 말을 한 기억이 없는데요"라거나 "기분 나쁘라고 한 말 아닌데요", 또는 "쟤도 저한테 그런 말 해요. 왜 저한테만 그러세요?"라는 답이 나올 수 있습니다. 이럴 때 어떻게 해야 서아에게 책임감을 키워 주고, 힘들어하는 지우를 회복시켜 줄 수 있을까요?

다음은 갈등 당사자인 지우, 서아에게 회복적 정의의 5가지 질문을 하며 사전모임을 하는 과정입니다.

1. "무슨 일이 있었는지 말해 줄래? 네 입장에서 솔직하게 말해 주면 좋겠어."

지우 오늘 공부할 게 많아서 문제지랑 참고서를 잔뜩 가져왔거든요. 이번에 시험을 꼭 잘 봐야 해서 욕심을 냈어요. 그래서 가방이 정말 무거웠어요. 어깨도 아팠고요. 가방을 책상에 걸고 있는데 서아가 그러는 거예요. 가방이 무거우면 머리가 나쁘다고요.

교사 지우가 시험 공부를 열심히 하려고 오늘 책을 많이 들고 왔구나. 그래서 가방이 무겁고 어깨도 아팠다는 거지? 그런데 가방을 책상에 걸 때, 서아가 '가방이 무거우면 머리가 나쁘다'라는 말을 했다는 거야?

2. "그때 기분은 어땠니? 그때 어떤 생각이 들었어? 왜 그런 생각이 들었던 것 같아?"

지우 그 말을 듣고 처음에는 아무 느낌이 없었어요. 망치로 머리를 맞은 것처럼요. 좀 황당했어요. 그래서 멍하니 있는데 갑자기 제가 바보 같다는 생각이 들면서 창피했어요. 속상하고 부끄럽고, 진짜 제가 머리가 나쁜 사람 같았어요.

교사 처음에는 황당했는데, 점점 속상하고 부끄러웠다는 거지? 다른 친구들 앞에서 그런 얘기를 들어서 더 창피했을 수도 있겠다. 스스로 바보 같다는 생각이 들면 더 속상할 것 같은데, 지금도 계속 그런 생각이 드니?

3. "그 일로 인해 어떤 영향을 받았니? 어떤 게 가장 힘들었지?"

지우 자꾸 '내가 바보인가?'하는 생각이 머릿속에서 맴돌아요. 그래서 수업에도 집중이 안 되고 밥맛도 없어졌어요. 서아 옆에 앉아 있기도 싫고, 학교 오기도 싫어요.

교사 서아 말이 자꾸 떠오르는구나. 그래서 계속 기분도 안 좋고 수업에 집중도 못 했던 거야? 오늘 급식도 거의 다 남겼던데, 서아가 보기 싫고 학교도 오기 싫어졌구나. 그 정도로 지우 마음이 힘들구나.

4. "피해를 바로 잡으려면 무엇이 필요할까? 네가 바라는 게 뭐야? 어떻게 하면 좋을 것 같아?"

지우 선생님하고 이야기를 하다 보니까 좀 마음이 풀렸어요. 그런데요, 서아가 자기가 한 말에 대해 사과하고 취소해 줬으면 좋겠어요. 그냥 별생각 없이 한 말일 수도 있는데 저는 너무 서운해요. 사과하고 다시는 그런 말 안 하겠다고 약속하면 그냥 넘어가고 싶어요.

교사 지우 마음이 좀 풀려서 다행이다. 지우는 서아가 자기가 한 말에 대해 사과하고 취소해 주면 좋겠다는 거지? 다시는 그런 말 안 하겠다고 약속하면 평소처럼 지낼 수 있겠어?

5. "다른 사람들이 어떻게 도와주면 좋겠니?"

지우 친구들이 이 일로 저한테 자꾸 안 물어보면 좋겠어요. 그냥 서아랑 저 사이에서 대화하고 끝내고 싶어요.

교사 지우는 친구들이 자꾸 이 일에 대해 물어보는 게 불편하구

나. 알겠어. 그건 선생님이 친구들에게 말할게. 그러면 전체 서클은 하지 않고 서아랑 선생님이랑만 대화모임 할까?

서아에게는 2번과 3번 질문을 피해자 중심으로 바꾸어 물어 봅니다.

1. "무슨 일이 있었는지 말해 줄래? 네 입장에서 솔직하게 말해 주면 좋겠어."
서아 오늘은 제가 지우보다 학교에 먼저 왔는데요. 지우가 가방 때문에 엄청 낑낑대는 거예요. 사실 저도 오늘 가방을 무겁게 들고 오려다가 엄마한테 핀잔을 들었거든요. 가방이 무거우면 머리가 나쁘다는 말도 엄마한테 들은 거예요. 그래서 꼭 필요한 것만 챙겨서 왔어요. 지우를 보자마자 저도 모르게 그 말이 튀어나왔어요.

2. "그때 지우는 기분이 어땠을 것 같니? 어떤 생각이 들었을 것 같아?"
서아 기분 나빴겠죠. 좋은 말은 아니니까요. 그래도 지우는 저보다 공부 잘하니까 그냥 흘려들을 줄 알았어요.

3. "그 일로 지우는 어떤 게 가장 힘들었을 것 같니?"
서아 그 말 때문인지 종일 힘도 없어 보이고, 제가 말을 걸어도 대답도 안 하고, 급식도 다 남겼더라고요. 어떻게 사과해야 할지 잘 모르겠어요.

4. "피해를 바로잡으려면 무엇이 필요할까? 네가 바라는 게 뭐야? 어떻게 하면 좋을 것 같아?

서아 일단 지우 이야기를 듣고 싶고, 사과하고 싶어요. 제가 좀 생각 없이 말을 해서 지우랑 불편하게 지내는 게 싫거든요. 다시는 안 하겠다고 약속할래요.

5. "다른 사람들이 어떻게 도와주면 좋겠니?"

서아 이 일이 커지지 않았으면 좋겠어요. 지우랑 잘 해결하고, 다른 아이들도 오해가 없었으면 좋겠어요.

학생들과 문제 해결 서클을 할 때는 신뢰를 줄 수 있는 분위기가 중요합니다. 편안하면서도 진지한, 공감적이면서도 원칙에 충실한 대화가 가능할 때 신뢰를 얻을 수 있습니다. 그러기 위해서는 진행자가 경직되거나 두려워해서는 안 됩니다. 해당 학생들의 발달 특성을 잘 이해해서 그 수준에 맞춰 바라봐 주는 게 좋습니다.

사전모임에서 피해 학생에게는 따뜻한 위로와 관심이 필요합니다. 정서적 공감과 함께 무슨 일이 있었는지 묻습니다. 차근차근 벌어진 일을 확인하면서 그때 들었던 감정을 물어봅니다. 이야기를 들으면서는 학생이 한 말에 대해 정리하고 확인해 주는 작업이 필요합니다. 무엇보다 불쾌하고 힘들었던 감정을 확인하고 여러 번 공감해 줘야 피해 학생의 마음이 풀립니다. 막연하게 듣기보다는 구체적인 마음을 물어서 쟁점을 좀 더 명확하게 잡아 줘야 합니다.

그리고 그 일(들)로 인해 무엇이 가장 힘들었는지, 어떤 게 괴로운지, 생활은 어떻게 달라졌는지, 어떤 영향을 받았는지 충분히 이야기하도록 합니다. 이어서 문제를 잘 해결하기 위해 무엇이 필요하고 무얼 원하는지 등을 묻는데, 여기에는 몇 가지 제안이 있습니다. 먼저 사과에 대한 것입니다. 가급적 육하원칙에 따라 누구에게, 언제, 어디에서, 무엇을, 어떻게, 왜 사과를 받고 싶은지 생각해 보게 합니다. 당사자 입장에서 최대한 원하는 방식으로 사과를 받는 게 중요합니다. "저쪽에서 어떻게 사과하는지 두고 볼게요." 이런 식으로 막연하게 접근하면 또 다른 갈등이 불거질 위험이 있습니다. 그리고 재발 방지와 관계 설정이 뒤따릅니다. 물질적 피해가 있었다면 변상에 대해서도 물을 수 있습니다.

가해 학생이 여럿이라면 사전모임에서 다 함께 모여서 이야기 나누는 게 좋습니다. 서로 상황을 공유할 필요도 있고, 일관된 접근을 위해서도 개별 사전모임보다 집단 사전모임을 권장합니다. 간혹 자기가 왜 이 자리에 나와 있는지 모르는 가해 학생이 있을 수 있습니다. 그럴 때는 역으로 자기를 왜 나오게 했는지 생각해 보게 하는 것이 좋습니다. 끝까지 떠올리지 못해도 다른 친구들의 이야기를 들으며 실마리를 찾을 수 있습니다.

가해 학생(들)과도 어느 정도 편안한 분위기가 필요하지만, 상황의 심각성을 알려 줄 필요가 있습니다. 문제 상황을 회피하기 위해 딴짓을 하거나 무책임하게 말하는 경우도 있기 때문입니다. 그럴 때 진행자는 감정의 변화 없이 진지한 태도를 요청하는 것이 좋습니다. 가해 학생에게도 질문은 같습니다. 다만 문제 해결을 위해, '피해 학생이 어떻게 느꼈을지, 무엇이 힘들었을지, 어떤 사과를 받고 싶을지, 어떤 약속이 필요할지'를 생각해 보고 답할 수 있게 합니다.

본모임은 사전모임보다 긴장감이 높습니다. 사실 관계에서 합의가 안 될 수 있고, 돌발 상황이 벌어질 수도 있습니다. 진행자는 서클을 반드시 성공시켜야 한다는 생각을 하기보다 원칙대로 절차를 제공하는 것이 자신의 역할임을 분명하게 인지해야 합니다. 사실 관계에 대해 입장 대립이 첨예한 경우, 어느 정도 이야기를 들은 뒤 다음 단계로 넘어가도 괜찮습니다.

"이 자리에서 사실 관계를 명확히 가리기는 어려운 것 같습니다. 하지만 이쪽에서는 이런 이야기를 하고, 저쪽에서는 저런 이야기를 하는 걸 확인했습니다. 그리고 이 문제로 피해 학생이 어려움을 호소하고 있는데, 그 이야기를 좀 더 들었으면 합니다."

이런 흐름으로 이끌어 가는 게 좋습니다. 서클을 진행하다 보면 의외로 가해 학생으로 지목된 아이도 피해를 본 경우가 있습니다. 자연스럽게 그 부분도 다루면서 잘못을 인정할 건 인정하고 사과하는 쪽으로 방향을 가져가야 합니다.

문제 해결 서클에서는 정식으로 합의문을 작성하지 않아도 됩니다. 다만 사과할 때, 어떤 일에 대해 잘못을 인정하는지, 구체적으로 어떻게 사과할 것인지를 분명히 해야 합니다. 재발 방지에 관한 약속도 서로 납득할 수 있을 때까지 이야기하는 게 좋습니다. 그리고 관계 설정은 당장 사이좋게 지내야 하는 건 아니기 때문에, 자연스럽게 학생들의 마음을 표현하게 하는 게 좋습니다.

중요한 건 학생들이 이 기회에 서로 몰랐던 점을 배우고 책임있는 사람으로 성장해 가는 것입니다. 따라서 중간중간 학생들의 성숙한 발언이나 태도를 칭찬해 주는 것이 좋습니다. 완벽하지 않더라도 자기 마음을 솔직하게 표현한 학생들은 분명히 무언가를 배우고 느꼈을 것입니다. 대화모임을 마칠 때 소감을 꼭 묻는 것도 같은 이유입니다.

삶은 달걀
갈등 분석

이 분석법은 갈등 당사자들의 주장과 그 숨은 의미를 분석하는 기법입니다. 보통 '양파 분석'이라고도 하는데, 명확한 구조화를 위해 삶은 달걀의 이미지를 가져왔습니다. 갈등은 보통 당사자들의 양립할 수 없는 의견 충돌로 여겨집니다. 삶은 달걀 갈등 분석은 각 당사자들이 껍데기와 같은 표면적 입장을 넘어서서 흰자와 노른자라는 서로의 실익(관심사)과 근본 욕구를 이해하고, 그에 따른 공통 기반을 발견하는 것을 목표로 합니다. 따라서 갈등 상황의 역동을 이해하기 위해 분석을 시도할 때나 당사자들 간의 대화모임을 준비할 때, 조정이나 협상 과정에서 사용할 수 있습니다.

3부 회복적 관계는 어떻게 만들 수 있을까?

준호는 장난기 많은 초등학교 4학년 학생입니다. 어느 날 준호는 점심시간에 급식을 먹고 교실로 돌아왔습니다. 그런데 채연이 책상 서랍에 연습장이 살짝 나와 있는 걸 보고, 허락도 받지 않은 채 그 것을 꺼내 읽었습니다. 연습장 마지막 쪽에는 채연이가 승윤이를 좋아한다는 내용이 써 있었습니다. 준호는 다른 친구들을 보고 그 연습장을 흔들며 "얘들아, 채연이가 승윤이 좋아한대!"라고 떠들었습니다. 이 일을 뒤늦게 안 채연이는 책상에 엎드려 울음을 터뜨렸습니다.

1. 입장^{Positions} – 딱딱한 껍데기, "무엇을 원한다고 말하는가?"

"준호를 전학 보내 주세요!" 채연이는 단호하게 말했습니다. "안 그러면 저는 내일부터 학교 안 나올 거예요." 이 말을 듣고 담임 선생님은 숨이 턱 막혔지만 채연이의 마음을 알아주기 위해 노력했습니다. "채연아, 방금 준호가 전학 갔으면 좋겠다고 말한 게 맞지? 그렇지 않으면 학교에 오지 않겠다고?" 채연이가 묵묵히 고개를 끄덕이자 선생님이 말을 이어 갔습니다. "선생님이 볼 때는 네가 아직도 분이 풀리지 않은 것 같은데, 그만큼 화도 나고 불쾌한 마음이 크니? 어떤 게 제일 걱정되니?" 채연이는 선생님의 이 말에 솔직한 자신의 감정을 털어놓았습니다. 그러자 마음이 조금 풀리는 걸 느낄 수 있었습니다.

입장이란 어떤 문제에 대해 당사자가 드러낸 공식적인 요구입니다. 입장은 당사자가 공개적으로 표명한 해결책인데, 지나치게 강경하거나 경직되기 쉽습니다. 그런 경우는 대체로 고조된 감정 탓이므로 판단 없이 수용하고 공감을 충분히 해 주는 것이 좋습니다. 마음이 풀리면 좀 더 합리적인 해결책을 고민할 수 있습니다. 중요한 것은 뜨겁고 딱딱한 달걀 껍데기에 대응하지 않고 찬물에 식힌 뒤 껍데기를 벗기는 일입니다.

2. 실익Interests – 부드러운 흰자, "정말로 원하는 것이 무엇인가?"

"채연아, 네가 아직도 화가 많이 나고, 준호랑 교실에서 함께 지내는 게 불편하다는 것도 알겠어. 네 말대로 준호가 전학 가면 너는 뭐가 좋을 것 같아? 채연이는 앞으로 교실에서 어떻게 지내고 싶어?" 선생님의 질문에 채연이는 한참을 골똘히 생각하더니 "저는요, 교실에서 무시당하고 싶지 않아요. 친구들이 저를 존중해 주고 저도 친구들을 존중하고 싶어요. 잘 어울려서 즐겁게 놀고 싶고요"라고 말했습니다. "응, 너는 친구들과 서로 존중하는 분위기에서 다 같이 즐겁게 지내고 싶구나?" 선생님의 말에 채연이는 고개를 끄덕였습니다.

대화를 하면서 채연이의 마음에는 작은 희망 같은 게 생겼습니다. 서로 놀리지 않고 함부로 대하지 않는 교실이 된다면 학교생활이 즐거울 것 같았습니다. "그렇다면 준호가 자기 잘못을 인정하고 채연이한테 진정으로 사과하면 어떨 것 같아? 다시는 채연이 물건을 허락 없이 꺼내 보지 않고, 또 놀리지 않기로 약속을 한다면 말이야?" 선생님의 말에 채연이는 준호가 정말로 그렇게 사과하고 약속해 준다면 다시 잘 지낼 수 있을 것 같았습니다.

실익은 목표, 이익 등 당사자가 진정으로 원하는 것들입니다. 딱딱한 '입장' 아래 놓여 있는 것으로 진정한 관심사는 입장과 다를 수 있습니다. 껍데기를 벗기면 부드러운 흰자가 나오는 것처럼 말입니다. "그 아이를 전학 보내 주세요!" 이 말이 학부모의 입장이라면, 수용과 충분한 공감 뒤에 실익을 이끌어 내는 질문은 이렇습니다. "앞으로 채연이가 교실에서 어떻게 지내길 바라시나요? 이번 일을 통해서 채연이가 배웠으면 하는 게 있으실까요?" 실익 찾기는 명분이나 체면, 도덕 등을 내려놓고 당사자에게 정말로 필요한 게 무엇인지를 진지하게 탐구하는 작업이기도 합니다.

당사자들은 갈등 상황에 놓여 있기 때문에 딱딱한 껍데기와 더 딱딱한 껍데기로 부딪치기 일쑤입니다. 이때 적절한 질문을 통해 흰자로 들어가는 것이 조정의 관건입니다. 어른에 비해 아이들의 마음이 더 유연하기 때문에 아이들의 갈등이 부모 갈등으로 심화되지 않도록 초기에 대응을 잘하는 것이 정말 중요합니다. 부모들끼리 갈등이 벌어졌다고 해도, 문제를 풀어 가는 상황에서는 아이들 중심으로 접근하자고 설득해야 합니다. 부모의 실익에는 늘 자녀가 문제 해결 능력을 갖추고 성장하는 것이 있기 때문입니다.

3. 근본 욕구^{Basic Needs} – 영양가 많은 노른자, "내면의 근본 욕구는 무엇인가?"

근본 욕구는 당사자의 실존을 위해 반드시 충족되어야 하는 것입니다. 따라서 타협 불가능하고 충족이 안 되면 심각한 분쟁으로 이어지지만 그것이 무엇인지는 당사자도 잘 모르는 경우가 많습니다. 이것은 일종의 가치로서 사랑, 평화, 존엄, 존중, 배려, 인정, 위로, 안전 등 추상적 낱말로 표현됩니다. 이러한 근본 욕구는 모든 사람에게 똑같이 필요한 것이므로 우리는 바로 이 근본 욕구의 차원에서 하나로 연결될 수 있습니다. 다만 일상적인 갈등 해결 작업에서는 근본 욕구까지 가지 않고 실익 차원에서만 다뤄도 좋습니다.

삶은 달걀 갈등 분석 모델

현실의 모든 갈등에서 '입장, 실익, 근본 욕구'가 명확하게 드러나는 것은 아닙니다. 중요한 것은 자신과 상대방의 입장 아래에 있는 실익이나 근본 욕구를 인식하고 갈등을 평화적이고 협력적으로 해결하는 것입니다. 달걀의 껍데기에 해당하는 '입장'은 모두가 알 수 있도록 당사자가 공개적으로 취하고 있는 내용입니다. '실익(관심사)'은 입장의 이면에 있는 내용으로, 내적으로 피하고 싶은 것이나 두려워하는 것 등이 포함됩니다. 따라서 바라는 것뿐만 아니라 두려운 것도 함께 탐구하는 것이 좋습니다. 달걀의 한가운데에 있는 '근본 욕구'는 실익의 본질로서 반드시 충족되어야 하는 실존적 가치를 의미합니다.

관계가 좋고 신뢰도가 높은 안전한 공간에서 우리의 행동과 전략은 가장 근본적인 욕구를 따르게 됩니다. 그래서 상대방에게 자신이 바라거나 두려워하는 부분을 주저 없이 드러내고 공개적으로 대화할 수 있습니다. 반면 불신이 만연하고 안전하지 않은 공간 또는 위계적인 조직에서는 자신의 실익이나 감정을 숨기고 싶어 합니다. 두려워하는 것 등이 알려지면 약점이 노출되어 상대방에게 주도권이 넘어갈 수 있다고 생각하기 때문입니다. 그러나 상대방에게 본인의 실익이나 감정을 표현하지 않으면 진정한 소통이 이루어지지 않고 불신은 더욱 커집니다.

갈등 상황에서 나오는 행동에는 근본 욕구가 반영되어 있지 않습니다. 대부분의 사람들은 감정이 고조되면 경직된 입장에 따라 행동을 하게 됩니다. 만약 입장 차원에만 머물게 된다면 실익과 근본 욕구를 채울 수 없습니다. 더구나 상대방 역시 달걀 껍데기처럼 딱딱해지기 때문에 갈등은 더욱 첨예해지고 문제 해결은 요원해집니다. 바로 이러한 특성 때문에 갈등 당사자들은 직접 대화하기 어렵습니다. 따라서 이해관계가 없는 조정자가 당사자의 감정과 욕구에 공감하며 대화를 이끌어 가야 합니다.

삶은 달걀 갈등 분석 기법은 사람들의 개인적, 집단적 행동의 토대가 되는 근본 욕구를 충족시키기 위해, 갈등과 불안전 및 불신의 결과로 쌓인 껍데기들을 얼마나 많이 벗겨 낼 수 있는지, 그 가능성을 보여 줍니다.

회복고등학교의 영어 교사인 박 선생님은 22년 차 교사이고, 국어 교사인 이 선생님은 3년 차 정도 된 신입 교사입니다.* 행사 추진 업무와 관련하여 박 선생님은 이제 젊은 사람이 맡을 때가 되었다는 입장입니다. 반면 이 선생님은 경험 있는 사람이 맡아야 한다는 입장입니다.

서로의 표면적인 입장을 보면 각자 자신은 해당 업무를 맡을 수 없다는 것입니다. 따라서 두 사람의 입장은 양립 불가능해 보이며 어느 한쪽이 이기거나 지는 게임이 됩니다. 하지만 실익 부

---

* 이 사례는 전쟁없는세상의 '갈등 다루기' 내용을 참고하였습니다(www.withoutwar.org/?p=12172).

분을 살펴보면 박 선생님은 늘 비슷한 행사를 해 오는 것이 지루하다는 전년도의 평가가 부담스럽고, 젊은 교사가 새로운 활기를 불어넣길 바랍니다. 젊은 교사들은 관련 정보 수집도 빠르고 문서나 동영상 편집 능력이 뛰어나 보고서도 잘 써 비슷한 행사를 하더라도 더 좋은 평가를 받을 수 있을 것 같았기 때문입니다.

반면 이 선생님은 다른 업무를 담당하는 선배 교사들의 일을 돕느라 바쁜 상태였습니다. 보고서를 예쁘고 폼 나게 꾸밀 수 있다는 이유로 계속 보조 업무를 맡고 있습니다. 이렇게 선배 교사들의 뒤치다꺼리만 하다 보니 행사 전체를 기획하고 진행하는 게 부담스럽기도 합니다. 어차피 후배 교사들이 보조 업무를 맡아 참여하게 될 테니 박 선생님이 맡는 것이 당연하다고 생각합니다.

박 선생님의 근본 욕구는 새로운 기획으로 학교 행사를 더 잘 진행해 보고 싶은 것입니다. 그리고 부정적인 평가로부터 자신을 보호하고 보고서 작성 등 부족한 부분에서의 도움과 협조를 받는 것입니다. 이 선생님의 근본 욕구는 행사 기획 등 큰 그림을 그리는 역할에 대한 부담과 효율성입니다.

두 교사가 위계적 관계가 아니라 좀 더 평등하고 편안한 분위기에서 회의를 했다면 서로의 실익과 근본 욕구 부분에 대해 충분히 의견을 나눌 수 있었을 것입니다. 그러나 교사 회의라는 짧은 시간과 전달 위주의 분위기 속에서 질적인 대화를 나누는 시간을 갖지 못했습니다. 이로 인해 회의 분위기와 그 이후의 어색한 상황에서 비롯된 불편한 감정들이 다른 행사 준비에도 영향을 미쳤습니다. 그만큼 실익과 근본 욕구를 찾는 과정에도 긴 시간이 필요했습니다. 다른 사건들에 의해 벌어진 가벼운 갈등을 풀어 가다 보니 조금씩 서로의 입장에서 물러나 실익에 초점을 맞춘 대화를 나눌 수 있게 되었습니다.

결국 맡은 업무를 효율적이고 잡음 없이 처리하는 것, 학생들에게 좋은 경험을 주고 싶은 것, 서로 지원을 주고받는 것 등의 공통 기반을 찾아낼 수 있었습니다. 다른 사건들에 대한 이야기들도 나오고 그 과정에서 주고받은 서로의 서운함과 실망 등의 감정을 수용하는 것까지 함께 있는 자리에서 이야기했습니다. 그러자 문제 해결을 위한 구체적인 절차들도 수월하게 처리할 수 있었습니다.

삶은 달걀 갈등 분석의 활용 예시

박 교사		이 교사
"행사 업무는 젊은 사람이 맡아야 한다."	입장	"행사 업무는 경험 있는 사람이 맡아야 한다."
- 비슷한 행사가 지루하다는 평가가 부담스럽다. - 젊은 교사가 새로운 활기를 불어넣어 주면 좋겠다. - 보고서를 잘 써서 좋은 평가를 받으면 좋겠다.	실익	- 다른 선배 교사의 잡일을 돕느라 바쁘다. - 행사 전체를 기획하고 운영하는 것이 부담스럽다. - 어차피 후배 교사들이 보조 업무로 참여하니 선배 교사가 하면 좋겠다.
인정, 보호, 도움, 협조	근본 욕구	지원, 효율성

밤송이 같은 사람과
대화하는 법

우리 속담에 "아 다르고 어 다르다"가 있습니다. 같은 말이라도 표현에 따라 달라질 수 있다는 뜻입니다. 실제로 "잘 지냈니?"와 "잘 지냈냐?", "잘 지냈어?"는 각각 전혀 다른 표현입니다. 말은 우리의 마음을 전하는 도구이기 때문에 어떤 마음을 갖고 말하는지도 중요하지만 같은 마음이어도 어떻게 말하는지가 대단히 중요합니다.

말 한마디가 관계를 그르치기도 하고 살리기도 합니다. 절망에 빠진 사람을 일으켜 세우기도 하고 멀쩡한 사람을 고꾸라지게도 합니다. 오해를 사기 쉬운 게 말이지만 진심을 전하는 것도 말입니다. 그런데 말을 적절하게 사용하는 것은 어려운 일입니다. 왜냐하면 우리는 어린 시절부터 주변 환경에 의해 무의식적으로 습득한 언어가 습관화되어 있고, 자기중심적 시각 탓에 현상을 왜곡해 바라보기 때문입니다.

어떤 언어를 쓸 것인가?

우리가 쓰는 언어에 의해 우리의 사고가 형성되고, 주로 사용하는 감정이 결정되며, 욕구마저 영향을 받는다는 사실을 알고 나면 언어 교육의 중요성에 대해 돌아보지 않을 수 없습니다. 신영복 선생은 생전에 감옥살이를 하며 욕설을 많이 배우기도 했지만, 우리가 버섯을 화분에 담아 탁자에 놓지 않듯이 거친 말을 자랑스러워할 필요는 없다고 하신 적이 있습니다.[*]

말실수를 하지 않으려면 자기가 하는 말에 깨어 있어야 합니다. 하지만 의식적으로 언어를 사용한다는 것은 운동선수가 고착화된 동작을 고치는 것만큼이나 어렵습니다. 늘 깨어 있어야 하는데 그게 만만치 않은 일입니다. 그럼에도 다른 사람 또는 자기 자신을 비난하는 말, 체념하는 말, 비꼬는 말을 많이 사용한다면 최소한 그런 습관은 고칠 필요가 있습니다. 나의 언어 습관을 돌아보는 일은 나와 대화를 나누는 사람의 말을 잘 들어주는 일이기도 합니다.

'비폭력 대화'를 만든 마셜 로젠버그는 공감으로 듣기 위해 상

---

[*] 신영복(2018), 《감옥으로부터의 사색》, 돌베개, 209쪽.

대방의 말을 되풀이해 줄 필요가 있다고 합니다. 우리가 상대방의 말을 정확하게 들었다면, 그 말을 되풀이해 줌으로써 상대방의 의사가 제대로 전달되었는지를 확인해 줄 수 있어야 한다는 것이지요.* 만약 우리의 말이 정확하지 않다면 상대방은 우리가 잘못 이해한 부분을 바로잡아 줄 수 있을 것입니다. 따라서 되풀이해 주는 말은 바꾸어 말하기를 통해 물어보는 형태가 되는 것이 더 좋습니다. 상대방이 "지각도 습관이고 성격이야"라고 비난하듯 말한다면, "어제 내가 약속에 늦었던 걸 말하는 거니?" 이런 식으로요. 이렇게 바꾸어 말하는 과정을 통해 상대방은 자신이 한 말에 대해 다시 한번 생각하고 자기 안으로 더 깊이 들어갈 기회를 얻게 됩니다.

상민이는 교실에서 지각을 자주 하는 아이입니다. 일주일에 서너 번은 지각합니다. 담임 선생님이 만일 상민이에게 "너는 어떻게 된 애가 맨날 지각이니?"라고 한다면 상민이는 뭐라고 답할까요? 상민이는 기분이 상해서 아무 말도 안 하거나 변명을 늘어놓을 수 있습니다. "이번 주에 벌써 세 번이나 늦었네. 선생님은 네가 약속된 시간에 왔으면 하는데, 무슨 일 때문에 늦는지 말해 줄 수 있니?" 이렇게 말하는 게 더 좋겠지요. 그런데 그때 상민이가 불쑥 "신경 끄세요. 관심도 없으면서" 이렇게 답했다면 어떨까요?

---

* 마셜 B. 로젠버그, 캐서린 한 옮김(2017), 《비폭력 대화》, 한국NVC출판사, 162쪽.

우리는 의외로 가시가 돋친 말을 많이 합니다. 어린 시절에 그런 말을 많이 듣고 자랐다면 더욱 그렇겠죠. 공감으로 듣는 문화가 없는 환경에서는 거친 말이 오히려 친근함의 표현으로 인식되기도 합니다. 그러나 거친 말이 난무하는 관계를 안전하게 느끼는 사람은 없을 것입니다. 가시 돋친 말을 하지 않는 것도 노력할 일이지만 다른 사람의 말에서 가시를 빼고 되돌려 주는 것도 갈등을 예방하는 좋은 태도입니다. 처음에는 그게 어색할 수도 있고 다소 시간이 걸릴 수도 있습니다. 그럼에도 그런 태도 자체는 상대방에게 관심을 쏟는 것이므로 나쁠 게 없습니다. 물론 많은 연습이 필요한 일입니다.

감정과 욕구에 초점을 맞춘 바꾸어 말하기

공감으로 듣는다는 것은 건조하게 정보만을 묻거나 상대방이 한 말을 그대로 되돌려 주기만 하는 것이 아닙니다. 존중의 대화는 상대방의 마음, 특히 감정과 욕구에 초점을 맞춥니다. 우선 자신의 감정과 욕구를 솔직하게 표현하는 것이 좋습니다. 앞의 상민이의 말에는 "네가 왜 그렇게 말하는지 좀 더 분명하게 알고 싶은데 그렇지 못해서 난감하네. 선생님의 어떤 행동이 너에게 관심이 없는 것처럼 보였는지 말해 줄 수 있니?"라고 답할 수 있습니다.

들은 말을 언제 어떻게 되풀이해서 확인해 주어야 할까요? 정답은 없지만, 상대방이 자기가 한 말이 잘 전달됐는지 확인하고 싶은 것 같을 때가 좋습니다. 그리고 강한 감정이 담긴 말을 할 때는 바꾸어 말해 주는 것이 좋습니다. 부정적인 감정이 강하게 담긴 말은 대체로 충족되지 못한 욕구가 숨어 있기 때문입니다. 공감으로 듣기의 핵심은 그 사람의 감정과 욕구에 귀 기울이는 것입니다.

"내가 왜 그렇게 바보 같은 짓을 했을까?"
→ 완벽한 사람은 없어. 너 자신을 너무 심하게 대하지 마! (×)
→ 좀 더 깊이 생각하고 행동했으면 해서 실망스럽니? (○)

마음을 잘 알아주기 위해서는 상대방의 마음 깊은 곳의 이야기를 이끌어 낼 수 있어야 합니다. 따라서 상대방이 하는 말 중에서 감정이 강하게 담긴 말을 바꾸어 말해 주는 것이 필요합니다. 먼저 그 말을 하는 사람의 감정을 추측해 보고, 다음으로 그 감정의 원인이 되는 욕구를 고려하는 것입니다. 바꾸어 말하기의 기본 방식은 상대방의 진짜 의도와 욕구를 짐작하여 말하고 이어서 느껴지는 진짜 감정을 표현하는 것입니다.

"어떻게 아빠라는 사람이 저에게 그런 말을 할 수 있죠?"
→ 아버지가 네 마음을 좀 더 이해하고 친절하게 말해 주길 원했

는데, 그렇지 못해서 많이 힘들었니?

문제 해결 서클을 진행하거나 갈등 조정을 할 때는 그 성격이 조금 달라집니다. 사전모임을 할 때는 충분히 공감해 주는 것이 좋지만 본모임에서는 중립성이 훼손될 수 있습니다. 그러면 한쪽만 편들어 주는 것으로 오해되어 당사자들에게 신뢰를 잃기 쉽습니다. 조정자는 공감하되 동의하지 않고 그 감정과 욕구를 확인하는 선에서 그쳐야 합니다. 갈등 조정에서는 갈등 당사자들의 상황과 쟁점, 행위 이유, 욕구 등이 명확하게 드러나도록 돕는 것이 목표가 됩니다.

밤송이의 가시 빼기

회복적 조정의 본모임에서는 당사자들이 직접 대화를 하는 것이 아니라 조정자를 통해서 대화를 합니다. 그럼에도 말의 강도가 세거나 비난이 심하면 갈등이 증폭될 수 있기 때문에 조정자는 이야기를 듣고 가시를 빼 주는 작업을 해야 합니다. 갈등 당사자의 주관적인 생각, 부정적인 감정, 일방적인 요구 등을 잘 듣되 객관적이고 중립적인 표현으로 바꾸어서 다른 당사자의 감정을 보호하고 건설적인 문제 해결로 나아갈 수 있게 하는 것입니다. 이 작업이 제대로 되지 않으면 갈등 문제의 본질보다 말꼬투리를 잡고 늘어지는 일로 갈등이 더 악화될 수 있습니다.

"때려 놓고는 사과도 안 하고 어떻게든 피해 갈 궁리만 하고, 이런 인간하고는 합의고 뭐고 필요 없어요."

→ 사건 이후에 진심 어린 사과와 책임을 기대했는데, 사과도 없이 자꾸 책임을 회피하는 것 같아 화가 많이 난다는 이야기 같은데, 맞나요?

"내가 뭐라고 했어요. 이런 거 아무 소용없다니까요. 이렇게 몰상식한 인간하고 이러고 있는 게 다 시간 낭비예요."

→ 상대방의 이야기에 대해 화가 많이 나고 실망하신 것 같네요. 그러면 어떤 이야기를 하는 게 좋겠다고 생각하시나요?

"저 사람을 더 이상 어떻게 믿어요. 완전히 사기꾼이라니까요. 대화고 뭐고 더 할 필요도 없어요."

→ 그간의 일로 상대방을 신뢰하지 못하게 된 것 같은데, 혹시 어떤 지점이 제일 신뢰하기 어려운지 알려 주시겠어요?

밤송이를 맨손으로 벗길 수는 없습니다. 두꺼운 가죽으로 만든 보호 장갑과 집게가 필요합니다. 밤송이 같은 사람과의 대화도 마찬가지로 강인한 정신력과 바꾸어 말하기 능력이 필요합니다. 밤송이처럼 마음에 가시가 돋친 사람과 대화하기 위해서는 먼저 그 가시를 뽑아내고(바꾸어 말하기), 단단한 껍질을 벗긴 뒤(실익 분석), '보늬'라고 하는 떫은맛이 나는 속껍질을 긁어내야(문제 해결) 합니다.

정신적으로 강인한 사람은 완벽한 사람이 아니라 자아가 건강한 사람입니다. 사람은 누구나 똑같이 존엄하다는 원칙 아래 스스로 우월하다거나 열등하다고 여기지 않고, 다른 사람들 역시 똑같은 시선으로 바라볼 수 있는 그런 사람입니다. 두렵거나 불편한 일을 피하지 않고 맞서며, 긍정적이고 유연한 사고를 잃지 않는다면 정신적으로 강인해질 수 있습니다. 여기에 더해 당사자의 존재와 행위를 분리하고, 당사자와 진행자 자신을 분리하는 등의 연습을 꾸준히 하는 게 좋습니다. 그래야만 문제 해결의 책임을 진행자가 갖지 않고, 오로지 문제 해결의 절차를 제공하는 것에 초점을 맞출 수 있습니다.

갈등 당사자들은 감정이 격한 상태이므로 조정자는 바꾸어 말하기의 기술뿐만 아니라 평정심을 유지하는 것도 중요한 일입니다. '1) 당사자들의 감정에 영향을 받지 않으면서 침착하게 경청하고, 2) 이야기를 시간의 흐름에 따라 요약해서 들려주며, 3) 이야기 속의 감정과 욕구를 파악하여 질문을 통해 바꾸어 말하기'를 하기 위해서는 많은 연습이 필요합니다. 누구든 첫술에 배부를 수 없습니다. 부족하더라도 이 원칙을 바탕으로 계속 연습하는 수밖에 없습니다. 특히 본모임에서 가장 중요한 것은 조정, 즉 문제 해결이라는 점을 잊지 않아야 합니다.

갈등 조정의
절차와 유의점

　피해자-가해자 조정모임은 당사자들 사이에 발생한 갈등과 폭력 문제를 다루기 위해 중립적 제3자인 조정자의 도움을 받는 대화모임입니다. 갈등 고조의 9단계를 보면 3, 4단계부터는 당사자 간의 대화를 통해 문제를 해결하기 어렵습니다. 특히 명백하게 가해 행위가 벌어져 피해자가 발생한 7단계부터는 조정자가 반드시 필요합니다. 이것은 문제 해결 서클과 그 절차가 비슷하지만 좀 더 전문적인 역량이 요구됩니다. 심각한 사안의 경우 조정 전문가의 도움을 받아야 하고, 그렇지 않은 경우 학생들 안에서 '또래 조정'을 할 수도 있습니다. 교실에서 조정 역할을 맡은 학생이 5가지 원칙에 따른 질문을 차례대로 당사자에게 하는 것입니다.

　갈등 조정은 사전모임과 본모임, 사후모임으로 나뉩니다. 본모임에서는 피해를 입은 사람과 가해를 한 사람이 직접 대면함으로써 그 사건이 당사자의 삶에 어떤 영향을 미쳤고 어떤 결과를 가져왔는지를 이야기하도록 합니다. 이 모임은 피해자의 안전이 보장된 상태에서 피해자가 하고 싶은 이야기와 감정 표현을 충분히 할 수 있게 합니다. 이로써 법적 과정에서는 얻을 수 없는 질문들에 대한 답변을 들을 수 있고, 대부분의 경우 자신의 피해가 어떻게 회복될 수 있는지에 관한 선택 사항들까지 논의하게 됩니다.

본모임에서는 가해자에게도 당시 무슨 일이 있었는지와 자신의 행위를 어떻게 책임질 것인지 말할 수 있는 기회가 주어집니다. 또한 자신의 행위가 피해자에게 어떤 영향을 끼쳤는지 들을 수 있는 기회도 제공됩니다. 조정모임을 통해 가해자는 피해자의 피해에 대해 책임을 지고, 피해자에게 사과와 재발 방지, 관계 설정, 변상 등을 위한 계획을 세우는 데 참여할 수 있습니다.

학교에서의 갈등 조정

학교에서 조정모임을 할 때는 피해자나 가해자라는 명칭을 사용하지 않고 당사자라고 부르는 게 좋습니다. '피해자', '가해자'라는 말이 갖는 단정적 느낌에서 벗어나기 위해서입니다. 사람의 복잡하고 다양한 특성 중에서 오직 한 측면만 특정해서 표현하는 것은 또 다른 문제를 낳을 수 있습니다. 가해자의 경우 새롭게 변하려고 애쓰는 사람에게 불필요한 낙인을 찍을 수 있고, 피해자의 경우에는 '피해자'라는 말이 내포하는 무기력하고 수동적인 의미가 마음의 충격을 이겨 내는 데 별 도움을 주지 못하기 때문입니다. 경우에 따라서 피해자는 당사자, 가해자는 행위자로 구분하기도 합니다.

조정자는 안전한 대화 공간을 마련하고 당사자들이 대화를 원활히 나누어 서로가 만족할 만한 합의에 이르도록 대화 과정을 돕습니다. 해결의 최종 몫은 당사자들의 책임에 둡니다. 당사자와 참가자의 신체적 안전이 보장되지 않는 사건은 전문 기관을 통해 해결해야 합니다. 심각하지는 않지만 학급 구성원 전체와 대화를 하기에는 부담스러운 사건은 조정자를 위촉하고 갈등 당사자 양측에게 안내하여 참가 의사를 확인합니다. 만약 학교 안에 조정 담당자가 있다면 즉시 조정모임을 진행하고 그렇지 않다면 외부 조정자에게 위탁해야 합니다.

조정모임의 목적은 문제 행위에 대해 참가자들의 자유로운 대화를 통해 공통의 이해와 합의에 도달하는 것입니다. 따라서 조정자의 공감과 적극적 경청, 바꾸어 말하기 등이 매우 중요합니다. 서로 원하는 긍정적인 해결 방법을 찾기 위해서는 각자의 입장 뒤에 숨어 있는 실익에 대한 확인이 필요합니다. 즉, 조정자는 평가하지 않고 제안들을 수렴하여 각각의 해결책에 대한 동의 여부를 확인해 나갑니다. 조정모임의 진행 방식은 다음과 같습니다.

대화모임 전체 흐름도

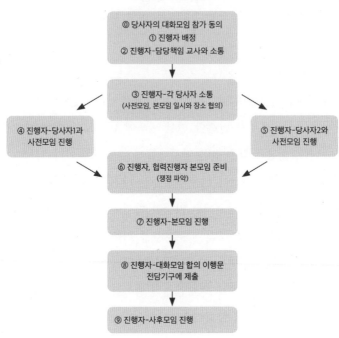

◎ 당사자의 대화모임 참가 동의
① 진행자 배정
② 진행자-담당책임 교사와 소통

↓

③ 진행자-각 당사자 소통
(사전모임, 본모임 일시와 장소 협의)

④ 진행자-당사자1과
사전모임 진행

⑤ 진행자-당사자2와
사전모임 진행

⑥ 진행자, 협력진행자 본모임 준비
(쟁점 파악)

⑦ 진행자-본모임 진행

⑧ 진행자-대화모임 합의 이행문
전담기구에 제출

⑨ 진행자-사후모임 진행

사전모임 (예비 조정 단계)	• 당사자들을 접촉하여 각각 개별적으로 면담하며 충분히 듣는다. (사건 파악, 조정 과정 소개, 참여 의사 확인, 조정자와 신뢰 형성)
본모임 (조정 단계)	• 전체가 모여 입장을 나누고 해결책을 찾는 과정을 밟는다. (소개와 규칙 안내, 이야기 나누기, 쟁점 분석, 해결책 찾기, 합의)
사후모임 (회복 점검 단계)	• 합의 결과 반영하기 및 최종 결정 기관(학교폭력전담기구 또는 학교폭력대책심의위원회 등)에 통보하여 사건을 마무리한다. • 이행 점검 및 회복 상태를 점검한다.

사과, 재발 방지, 관계 설정, 변상

조정모임의 중요한 합의 사항은 '1) 사과, 2) 재발 방지, 3) 관계 설정, 4) 변상'입니다. 사과는 피해자 측의 요구 사항이 명확해야 하는 것이 관건입니다. 진심 어린 사과를 받고 싶어도 무엇이 진심 어린 사과인지 모르는 경우가 많습니다. 사과 편지를 받은 후 "누가 편지 따위로 사과를 해요?"라고 반응하거나, 온 가족이 함께 와 사과하는 가해자 측에게 "저녁에 쉬고 있는데 불쑥 찾아오면 어떡합니까?"라는 말을 하기도 합니다. 이런 상황이 벌어지면 양쪽 다 곤란해지겠지요.

사과는 '누가, 언제, 어디서, 무엇을, 어떻게, 왜'라는 육하원칙을 반영하여 최대한 구체적으로 피해자의 요구를 파악해야 합니다. 그런 다음 가해자 측과 조율하는 작업이 필요합니다. 재발 방지 역시 좀 더 실제적인 관점에서 같은 문제가 반복되지 않도록 방법을 찾아야 합니다. 예를 들어, 화장실에서 어깨끼리 부딪혀 갈등이 생겼다면 가해 학생은 피해 학생이 화장실에 다녀온 뒤에 이용한다고 약속하는 것입니다.

관계 설정에서 화해를 해야 한다거나 빨리 친해져야 할 필요는 없습니다. 최소한 불편하지 않은 관계로 지내는 것, 예컨대 마음이 풀릴 때까지 인사만 하고 지낸다든지, 말을 걸지 않는다든지 하는 약속을 하는 것입니다. 끝으로 변상은 중요한 부분이지만 교사가 하기에는 어려운 일입니다. 조정 전문가는 변상에 관한 조율이 이루어지도록 노력해야 하지만 이 부분에서 합의가 안 된다고 해도 다른 부분의 합의 사항을 의미 있게 여기고 종료할 수 있습니다.

조정의 3원칙은 '1) 당사자들 스스로 문제 해결하기, 2) 조정자는 중립 지키기, 3) 사적인 이야기에 대해 비밀 지키기'입니다. 이 밖에도 조정모임에서 중요하게 지켜져야 할 기본 규칙들은 다음과 같습니다.*

· 적극적으로 경청하기

상대가 말할 때는 끼어들지 않고 자신의 순서를 기다리거나 상대방의 말이 끝나고 발언권을 얻어 말합니다.

· 비방이나 욕설, 심한 언어 자제하기

서로의 진심을 듣는 데 방해되는 심한 비방이나 언성을 높이는 일은 자제하고 조정자의 안내를 따릅니다.

· 대화의 과정에 적극적으로 참여하고 노력하기

사건의 진실을 이해하고 서로가 원하는 해결책에 도달할 수 있도록 적극적으로 노력합니다.

---

* 한국평화교육훈련원(2019),《회복적 정의에 기초한 회복적 조정 과정》, KOPI, 8쪽.

• 사적 이야기 비밀 준수하기

대화모임에서 말한 내용, 말하면서 알게 된 정보에 대해서는 다른 사람들과 이야기하지 않습니다.

• 조정자의 동의에 의한 개인 행동 허락받기

약속한 휴식 시간 이외에 개인의 특별한 상황으로 휴식이나 긴급한 용무가 필요한 상황이 발생하면 조정자의 동의를 얻어 안내를 따릅니다. 그 외에는 자리를 떠나지 않습니다.

• 조정자의 중립에 대한 확인

조정자의 역할은 해결책을 제시하는 것이 아니라 당사자들이 스스로 해결할 수 있도록 중립의 위치에서 소통을 돕는 것입니다.

마음이 아픈
사람들

많은 정신과 의사 또는 인지심리학자가 관계를 멀리해야 할 사람을 알려 줍니다. "당장 손절하세요", "절대 곁에 두지 마세요" 같은 자극적인 문구로 사이코패스나 소시오패스, 나르시시스트 등과 관계 단절을 조언합니다. 이것은 평범한 삶을 사는 사람들에게 유용한 정보일 수 있지만 교사에게는 해당 사항이 없습니다. 어려움이 있는 아이나 부모를 만난다 해도 교직의 특성상 피할 수 없기 때문입니다. 따라서 어려움이 있는 사람에 대해 어느 정도 신뢰할 만한 정보를 갖는 게 필요합니다. 그래야 그들을 이해할 수 있고 지혜롭게 대처할 수 있을 테니까요.

우리는 누군가를 낙인찍듯 편견을 갖는 성향도 있지만, 가급적 좋게 보려는 성향도 있습니다. 그런데 선의로 한 행동이 당사자에게 실제로 해가 될 수도 있으니 어려움에 대한 올바른 이해가 필요합니다. 예를 들어, 도박 중독자를 돕는 방법은 중독자의 특성을 정확히 이해하고 그에 맞게 도움을 주는 것입니다. 도박 중독자는 이미 뇌 구조가 변화했기 때문에 일반인을 대하듯 친절하게 요구를 들어주는 것이 오히려 해가 됩니다.* 배가 고프니 음식을 사 먹게 돈을 빌려 달라고 요구할 때 현금을 건네는 것은 바람직하지 않습니다. 그 돈으로 다시 도박을 할 가능성이 크기 때문입니다. 그러니 도울 수 있다면 직접 밥을 사 주는 게 좋습니다. 이처럼 특별한 어려움이 있는 사람을 돕는 일은 지혜가 필요합니다.

진정으로 돕는다는 것은 무엇일까?

악성 민원을 제기하는 학부모나 문제 행동을 일삼는 학생, 관계 형성이 어려운 교사 중에는 나르시시스트 성향이 강한 이가 많아 보입니다. 나르시시스트는 흔히 자기애성 성격 장애로 알려져 있는데, 좀 더 폭넓은 개념입니다. 물에 비친 자신의 모습에 반해서 물에 빠져 죽었다는 그리스 신화 속 나르키소스의 이름을 딴 나르시시즘은 1899년 독일의 정신과 의사 파울 내케가 만든 용어입니다. 나르시시즘은 자신의 자아 이미지에 대한 이상화

---

* 이하진(2022), 《도박 중독자의 가족》, 열린책들, 421쪽.

된 허영심이나 이기적인 감탄으로부터 만족을 추구하는 성향입니다. 자존감 과잉인 사람에게 이런 모습이 흔하게 발견됩니다.

나르시시스트들은 위험한 행동을 즐겨 하고, 자신이 남들보다 우월하다고 생각하는 경향이 있습니다. 그리고 과도한 자신감, 남에 대한 공감 능력의 결여, 수치심 또는 죄의식의 부재 등이 특징입니다. 나르시시즘은 심리학에서 사이코패스(공감 능력의 부재, 자기 통제와 죄의식의 결핍, 반사회적 성향), 마키아벨리즘(타인을 조종하는 것을 즐기는 냉담하고 계산적인 성향, 소시오패스), 사디즘(타인을 육체적, 심리적으로 고통스럽게 함으로써 즐거움을 얻는 성향)과 더불어 인간 심리의 어두운 면들 중 하나로 여겨집니다.*

나르시시스트들은 주변 사람들을 자기 밑으로 깔보고, 사람들에게 상처를 입힐지언정 자기 자신에 대해서는 부정적인 평가를 내리지 않습니다. 자기애와 자신감이 외부 스트레스 요인으로부터 '보호막' 역할을 하기 때문에 일상생활에서 스트레스를 받는 일도 적다고 합니다. 이들은 세상이 자기를 중심으로 돌아간다고 믿으며, 기본적으로 우월감에 도취되어 있는 모습을 보여 줍니다. 그러니 남들을 깎아내리고, 상처 주는 말을 하면서도 무엇을 잘못했는지 모르는 것입니다. 과장하는 성향이 있는 나르시시스트의 경우에는 권력에 대한 집착이 강하고, 자신의 중요성을 실제

---

* "나르시시스트 : '불쾌하지만 행복한 사람들'", 〈BBC〉, 2019년 11월 3일(www.bbc.com/korean/news-50252962).

보다 부풀리는 경향이 있습니다. 하지만 소심한 나르시시스트의 경우에는 보통 사람들보다도 훨씬 방어적일 수 있고, 다른 사람들의 행동을 '적대적'으로 받아들이기 쉽습니다. 이러한 유형의 사람이 학생, 학부모 또는 교사라면, 어떻게 대응해야 상처를 받지 않고 인간적인 관계를 유지할 수 있을까요?

나르시시스트를 대하는 법

나르시시스트는 타인에게 인정을 강요하며 남들보다 더 나아 보이기 위해 애쓰는, 전반적으로 우월감의 욕구가 큰 사람입니다. 바꿔 말하면 자존감은 높을지언정 그것을 추구하는 방법이 건강하지 않은 사람입니다. 자존감 과잉 상태인 동시에 내적으로 열등감에 시달릴 확률이 큽니다.* 이들에게 자녀는 자아의 확장입니다. 이로 인해 자녀의 문제 행동에 대단히 비합리적이고 자기중심적인 모습을 보여 줍니다. 자녀가 잘못을 저질렀다면 무언가 이유가 있으니 그랬을 것이라며 오히려 "우리 아이의 마음은 읽어 주셨나요?"라고 반응할 가능성이 큽니다. 반면 자녀가 피해를 입은 경우에는 세상에 있을 수 없는 일이 벌어진 것처럼 행동할 것입니다. 과도한 인정 욕구는 자녀를 통해서도 드러납니다. 이들의

---

* 우도 라우흐플라이슈, 장혜경 옮김(2021), 《가까운 사람이 자기애성 성격 장애일 때》, 심심, 108쪽.

인정 욕구를 채워 주는 일은 결코 교사의 일이 아닙니다.

인간은 누구나 똑같이 존엄하기 때문에 우월한 사람도 없고 열등한 사람도 없습니다. 달리기를 잘하거나 말을 잘하는 등 어떤 능력 면에서 뛰어난 사람이 있고 부족한 사람이 있을 뿐입니다. 타인들의 평가로 인해 한 사람의 자존감이 유지된다면 그것은 위험한 일입니다. 교사는 나르시시스트 성향의 학부모를 변화시킬 수 없습니다. 굳이 변화시킬 필요도 없습니다. 교사 스스로 건강한 자존감을 키운다면 오히려 그런 사람에게 좋은 영향을 줄 수 있습니다. 건강한 자존감을 가진 사람은 타인의 일과 자신의 일을 잘 구분할 수 있는 사람입니다. 그러니 그들 앞에서는 교사로서 중심을 잘 잡고 자기 권위를 잃지 않아야 합니다. 품위를 잃지 않으며 선을 잘 지키는 것이 지혜로운 대처법입니다.

나르시시스트들이 제일 손쉬운 먹잇감으로 여기는 대상은 공감 능력이 강한 사람이라고 합니다.[*] 교사라는 직업의 특성상 공감 능력이 풍부해야 하지만 과잉될 필요는 없습니다. 다시 말해, 다른 사람의 감정까지 책임질 필요는 없습니다. 공감은 감정을 책임져 주는 것이 아니라 확인하고 이해해 주는 것입니다. 누군가 슬퍼하거나 화가 나 있을 때 진정한 공감은 그 슬픔과 화를 확인해 주는 것이지, 같이 슬퍼하거나 화를 내는 게 아닙니다. 누구나 슬퍼하거나 화를 낼 자유가 있습니다. 마찬가지로 누구나 스스로

---

[*] 원은수(2023), 《나에겐 상처받을 이유가 없다》, 토네이도, 300쪽.

를 지키고 편안한 마음을 가질 자유가 있습니다. 교사가 평정심을 유지할 때 아이들과 부모들을 더 잘 도와줄 수 있습니다.

마음이 아픈 사람에게 모욕적인 말을 들었을 때, 평정심을 유지하는 것은 매우 중요한 일입니다. 이때 속으로 이렇게 질문을 던지는 게 도움이 됩니다. '저 사람은 왜 그런 말을 했을까? 대체 어떤 어려움이 있기에 남에게 상처되는 말을 스스럼없이 하는 걸까?' 상대방의 말로부터 자신을 분리하고, 자신이 받은 영향을 알아차리는 일도 중요합니다. 내키지 않더라도 상대방은 그런 말을 할 수 있는 자유가 있고, 우리는 그런 말로부터 영향을 받지 않을 자유가 있습니다. 반감이 올라오더라도 알아차릴 수 있다면 실수를 줄일 수 있습니다. 반감으로 인해 빌미가 될 만한 말을 하지 않으면서, 예의를 갖추어 상대방의 말에 대한 나의 감정과 욕구를 전달하는 것입니다.

"물고기처럼 자유롭게 살고 싶다." 이렇게 유서를 쓰고 자살한 초등학생이 있습니다. 바닷속 물고기처럼 근심 걱정 없이 자유롭게 헤엄치며 살아가길 바랐던 아이는 아파트 베란다에 있는 가스 배관에 목을 맸습니다. 2002년의 일입니다. 그해에 처음으로 교직에 발을 디뎠던 저는 이 사건이 늘 비수처럼 가슴에 꽂혀 있습니다. 그 아이의 마음이 절절하게 느껴졌기 때문입니다. "아빠는 이틀 동안 20시간 일하고 28시간 쉬는데 나는 27시간 30분 공부하고 20시간 30분을 쉰다. 왜 어른보다 어린이가 자유 시간이 적은지 이해할 수 없다." 초등학교 5학년인 아이가 생을 마감하기로 마음먹는 사회가 과연 정상일까요?

무엇을 할 수 있을까?

많은 사람이 변화를 위해 고민하고 연구하고 실천했다고 생각하는데, 세상은 그다지 나아진 것 같지 않습니다. 이제는 영유아 시절부터 영어유치원에 다니고, 초등학생이 되면 의대 진학을 목표로 하는 학원에 들어가 살인적인 학습 일정을 소화해야 하는 아이들이 늘고 있다고 합니다. 많은 아이가 등교를 거부하고 정신과 질환이 폭증해도 사회는 요지부동입니다. 세월호 참사를 겪었음에도 근본적인 사회 변화는커녕 참담한 교육 현실은 견고하기만 합니다. 입시 교육은 전혀 개선되지 않았으며, 경쟁 교육은 더욱 깊이 내면화되었습니다. 그만큼 사회의 구조적 불평등이 강화되었기 때문입니다. 기득권을 잃을까 봐 두려운 이들과 기득권이 되고 싶은 이들이 더욱더 병든 사회를 만들어 갑니다.

코로나19 팬데믹이 지나고 우리는 지독한 후유증에 시달리고 있습니다. 학교에 제대로 다니지 못하면서 생활 습관이 깨지고 미디어에 과잉 노출된 아이들에게 여러 어려움이 생겼습니다. 생활 습관이 깨지고 학습 습관이 제대로 형성되지 않은 아이들일수록 유치원부터 고등학교까지 정상적인 공동체 생활이 어렵습니다. 예전에는 한 학년에 한두 명 있을까 말까 한 힘든 아이가 이제 교실에 두세 명 또는 그 이상 존재합니다. 통제되지 않는 아이들을 지도해야 할 선생님의 팔다리는 각종 민원과 무분별한 아동학대 신고 등으로 꽁꽁 묶여 있는 상황입니다.

2023년, 서울 서초구의 한 초등학교에서 2년 차 선생님이 교실에서 목숨을 끊었습니다. 이 일로 교사들에게도 학교가 지옥이라는 사실이 드러났습니다. 수면 위로 떠오른 문제는 이뿐만이 아니라 학생에게 맞는 선생님, 악성 민원과 고소 협박에 무방비한 학교 시스템까지 부각되었습니다. 어떻게 하다가 학교는 이런 총체적 지옥이 되었을까요? 수업이 불가능한 교실은 이제 온갖 폭력과 악다구니를 견디는 무기력한 공간이 되었습니다. 모든 학교, 모든 교실이 그렇지는 않겠지만 교사라면 누구나 다 그런 위험에 노출되어 있습니다.

　　학생들 간의 괴롭힘과 따돌림이 심각한 사회 문제로 대두된 지는 오래되었습니다. 그러나 이에 대한 해법이 응보적 처벌로만 귀결되면서 학교는 더욱더 숨 막히는 공간이 되었습니다. 처벌 중심의 응보적 해결은 그나마 남아 있던 공동체 관계를 파괴하는 촉매제가 될 수 있습니다. 이제는 교육적으로 해결할 수 있는 아이들 간의 갈등도 변호사의 조언을 듣는 시대가 되었습니다. 일부 변호사들은 상대측을 고소하고 담임 교사를 고발하라고 부모에게 권하고 있습니다. 교사들은 소송이 두려워 정상적인 교육 행위를 할 수 없다고 호소합니다. 블랙홀처럼 모든 갈등이 사법 영역으로 빨려들어 가고 있습니다.

회복적 정의와 회복적 교육

이런 끔찍한 상황을 단칼에 해결해 주는 정책 같은 것은 없습니다. 혹여나 처벌을 강화하는 것이 유일한 해법이라고 한다면 그것은 교육 현장을 무간지옥으로 만드는 악수입니다. 교육 영역이 사법 영역의 식민지가 되는 이 흐름을 막아야 합니다. 학교는 사법 기관이 아닌 교육 기관입니다. 학교에서 벌어지는 갈등은 교육적으로 해결해야 하며, 건강한 갈등 해결 과정을 경험하는 것은 아이들에게 꼭 필요한 교육입니다. 더 이상 비인간적이고 반공동체적인 접근 방식을 용납할 수 없습니다. 인간적이고 공동체적인 접근을 모색해야 합니다. 이것이 우리가 회복적 정의를 만나야 하는 이유입니다.

10여 년 전 '교육 불가능' 담론이 등장한 이후 우리는 마치 기후 위기 현상을 보는 것처럼 교육 붕괴 현상을 지켜보았습니다. 교육 희망이 아닌 교육 붕괴, 교육 불가능을 인정한다는 것은 괴로운 일입니다. 그러나 이렇게 혼란스러운 때일수록 우리는 질문해야 합니다. 가장 본질적인 질문을 통해 우리가 추구해야 할 이상을 찾아야 합니다. '교육은 무엇이고 사회는 무엇이어야 하는가? 왜 우리는 교육을 해야 하고, 인간이란 과연 어떤 존재인가? 우리가 진정으로 바라는 것은 무엇인가? 어떻게 해야 공동체를 회복할 수 있는가?' 이상에서 의지가 나옵니다. 지금 우리에게 필요한 것은 분명한 이상과 강인한 의지 그리고 진실에 대한 사랑일 것입니다.

회복적 정의는 우리가 정말로 원하는 것이 무엇인지를 묻습니다. 잘못이 생겼을 때 우리의 진정한 욕구는 가해자를 처벌하는 것보다 피해자와 공동체의 피해를 회복하는 것입니다. 잘못이 벌어지는 구조적 원인을 파악하고 변혁시키는 것, 그래서 안전하고 평화로운 공동체를 만드는 것을 우리는 원합니다. 그러기 위해서는 교육이 국가나 시장에 종속되어서는 안 됩니다. 교육은 교육다워야 합니다. 교육은 인간을 키우는 일이며, 인간 자아가 건강하게 성장하고 회복할 수 있도록 돕는 일입니다. 회복적 교육은 인간이란 누구나 똑같이 존엄한 존재이고, 존중과 책임을 균형 있게 추구할 수 있어야 한다고 말합니다.

이 책은 교육 불가능의 현실 속에서 교육을 회복하기 위해 필요한 게 무엇인지, 함께 이야기 나누기 위해 썼습니다. 혁명적인 대안을 제시할 수는 없지만 올바른 질문을 던지고 싶었습니다. 선생님들이 이 책을 읽고 스스로의 교육철학을 돌아보는 계기가 된다면 더 바랄 게 없습니다. 지금 우리에게는 작고 조용한 혁명들이 필요합니다. 대체 무슨 일이 벌어지고 있는지, 왜 그런 일이 벌어져야 했는지, 그로 인해 우리는 어떤 감정을 경험하는지, 어떤 영향을 받고 있는지, 그래서 우리가 진정으로 원하는 것이 무엇인지, 우리는 삶의 주체로서 무엇을 할 수 있고 또 사람들에게 무엇을 부탁하고 싶은지, 이야기 나누었으면 합니다.

이 책에서 말하는 회복적 교육은 회복적 생활교육을 포괄하는 것으로, 학교 현장을 치유하고 회복할 수 있는 인간 교육의 다른 이름입니다. '회복적 교육'이라는 이름의 서클에 여러분을 초대합니다.

| 글의 출처 |

김주환(2023),《내면소통》, 인플루엔셜.

김훈태(2017),《교실 갈등, 대화로 풀다》, 교육공동체 벗.

닐스 크리스티, 손진·김성돈 옮김(2016),〈자산으로서 갈등〉,《법학논고》, 56, 경북대학교 법학연구원.

데스먼드 음필로 투투, 홍종락 옮김(2022),《용서 없이 미래 없다》, 사자와어린양.

데이비드 존슨·로저 존슨, 추병완·김영은 옮김(2000),《갈등 해결을 통한 학교 폭력 예방》, 백의.

도나 힉스, 박현주 옮김(2013),《관계를 치유하는 힘 존엄》, 검둥소.

로레인 수투츠만 암스투츠, 한영선 옮김(2020),《피해자 가해자 대화모임》, 대장간.

로레인 수투츠만 암스투츠·쥬디 H. 뮬렛, 이재영·정용진 옮김(2017),《학교현장을 위한 회복적 학생생활교육》, 대장간.

로이 바스카, 김훈태 옮김(2021),《자연적 필연성의 질서》, 두번째테제.

뤼트허르 브레흐만, 조현욱 옮김(2021),《휴먼카인드》, 인플루엔셜.

린지 포인터·캐틀린 맥고이·해일리 파라, 안은경 옮김(2021),《회복적 정의를 어떻게 배울 것인가》, 대장간.

마셜 B. 로젠버그, 캐서린 한 옮김(2017),《비폭력 대화》, 한국NVC출판사.

박숙영(2014),《공동체가 새로워지는 회복적 생활교육을 만나다》, 좋은교사.

브라이언 헤어·버네사 우즈, 이민아 옮김(2021),《다정한 것이 살아남는다》, 디플롯.

수잔 페로우, 푸른씨앗번역팀 옮김(2016),《마음에 힘을 주는 치유동화》, 푸른씨앗.

신영복(2015),《담론》, 돌베개.

신영복(2018),《감옥으로부터의 사색》, 돌베개.

안젤라 애커만·베카 푸글리시, 임상훈 옮김(2020),《트라우마 사전》, 월북.

앤 리니아·크리스티나 볼드윈, 봉현철 옮김(2017),《서클의 힘》, 초록비책공방.

앤드류 울포드·아만다 네룬드, 김복기·고학준 옮김(2022),《회복적 정의의 정치학》, 대장간.

요한 갈퉁, 강종일 외 옮김(2000),《평화적 수단에 의한 평화》, 들녘.

우도 라우흐플라이슈, 장혜경 옮김(2021), 《가까운 사람이 자기애성 성격 장애일 때》, 심심.

원은수(2023), 《나에겐 상처받을 이유가 없다》, 토네이도.

이재영(2020), 《회복적 정의, 세상을 치유하다》, 피스빌딩.

이하진(2022), 《도박 중독자의 가족》, 열린책들.

존 폴 레더락, 박지호 옮김(2018), 《갈등 전환》, 대장간.

최윤진(2015), 〈대학생들의 입시 사교육 경험 의미 분석: 사교육 주체, 동기, 관점을 중심으로〉, 《교육사회학연구》, 25(4). 한국교육사회학회.

캐롤린 보이스-왓슨·케이 프라니스, 서정아·박진혁 옮김(2018), 《서클로 여는 희망》, 대장간.

캐롤린 보이스-왓슨·케이 프라니스, 이병주·안은경 옮김(2018), 《서클로 나아가기》, 대장간.

케이 프라니스, 강영실 옮김(2018), 《서클 프로세스》, 대장간.

케이 프라니스·배리 스튜어트·마크 웨지, 백두용 옮김(2016), 《평화 형성 서클》, KAP.

하워드 제어, 손진 옮김(2019), 《우리 시대의 회복적 정의》, 대장간.

하워드 제어·바브 토우즈 편저, 변종필 옮김(2014), 《회복적 정의의 비판적 쟁점》, 한국형사정책연구원.

한국평화교육훈련원(2019), 《회복적 정의에 기초한 회복적 조정 과정》, KOPI.

UNODC, 김재희 외 옮김(2021), 《회복적 사법 프로그램을 위한 핸드북》(제2판), 박영사.

Alfie Kohn(1993), *Punished by Rewards*, Houghton Mifflin Harcourt.

Brenda E. Morrison(2007), *Restoring Safe School Communities*, The Federation Press.

Belinda Hopkins(2009), *Just Care: Restorative justice approaches to working with children in public care*, JKP.

Belinda Hopkins(2011), *Restorative Classroom Practice: Restorative approaches in your day-to-day work*, Transforming Conflict Publications.

M. Kay Harris(2005), Transformative justice: The transformation of restorative justice, *Handbook of Restorative Justice*, Edited By Dennis Sullivan, Larry Tifft, Routledge.

Thich Nhat Hanh(1988), *The Heart of Understanding - Commentaries on the Prajnaparamita Heart Sutra*, Parallaz Press.

Thomas Jordan(2000), *Glasl's Nine-Stage Model Of Conflict Escalation*(www.mediate.com/articles/jordan.cfm).

교육공동체 벗

교육공동체 벗은 협동조합을 모델로 하는 작은 지식공동체입니다.
협동조합은 공통의 목적을 가진 사람들이 모여서 만든
권력과 자본으로부터 독립된 경제조직입니다.
교육공동체 벗의 모든 사업은 조합원들이 내는 출자금과 조합비로 운영됩니다.
수익을 목적으로 하지 않기에 이윤을 좇기보다
조합원들의 삶과 성장에 필요한 일들과
교육운동에 보탬이 될 수 있는 사업들을 먼저 생각합니다.
정론직필의 교육전문지, 시류에 휩쓸리지 않는 정직한 책들,
함께 배우고 나누며 성장하는 배움 공간 등
우리 교육 현실에 필요한 것들을 우리 힘으로 만들고 함께 나누고 있습니다.

조합원 참여 안내

출자금(1구좌 일반 : 2만 원, 터잡기 : 50만 원)을 낸 후 조합비(월 1만 5천 원 이상)를 약정
해 주시면 됩니다. 조합원으로 참여하시면 교육공동체 벗에서 내는 격월간 교육전문지《오
늘의 교육》과 조합통신을 받아 보실 수 있습니다. 출자금은 종잣돈으로 가입할 때 한 번만
내시면 됩니다. 조합을 탈퇴하거나 조합 해산 시 정관에 따라 반환합니다. 터잡기 조합원은
벗의 터전을 함께 다지는 데 의미와 보람을 두며 권리와 의무에서 일반 조합원과 차이는 없
습니다. 아래 홈페이지에서 조합 가입 신청을 하실 수 있습니다.

홈페이지 communebut.com
이메일 communebut@hanmail.net
전화 02-332-0712
팩스 0505-115-0712

교육공동체 벗을 만드는 사람들

후쿠시마 미노리, 황지영, 황정일, 황정원, 황이경, 황윤호성, 황영수, 황봉희, 황규선, 황고운, 홍지영, 홍정인, 홍승희, 홍순성, 홍성근, 홍성구, 홍서연, 현복실, 허창수, 허유영, 허성실, 허성균, 허보영, 허광영, 함점순, 함영기, 한학범, 한재민, 한진, 한지혜, 한은옥, 한송희, 한성찬, 한석주, 한민호, 한민혁, 한만중, 한낱, 한길수, 한경희, 하주현, 하정호, 하정필, 하인호, 하승우, 하승수, 하순배, 탁동철, 최희성, 최현숙, 최현미, 최한나, 최진규, 최주연, 최정윤, 최정아, 최은희, 최은정, 최은숙, 최은경, 최윤미, 최유리, 최원혜, 최우성, 최영식, 최연희, 최연정, 최승준, 최승복, 최수옥, 최서자, 최선경, 최봉선, 최보람, 최병우, 최미영, 최류미, 최대현, 최광용, 최경미, 최경련, 채효정, 채종민, 채민정, 차종숙, 차용훈, 진현, 진주형, 진웅용, 진영준, 진냥, 지정순, 지수연, 주예진, 주순영, 조희정, 조현민, 조향미, 조해수, 조진희, 조지연, 조준혁, 조정희, 조윤성, 조원희, 조원배, 조용진, 조영현, 조영옥, 조영실, 조영선, 조여은, 조어경, 조성희, 조성실, 조성배, 조성대, 조석현, 조석영, 조남규, 조경애, 조경아, 조경삼, 조경미, 제남모, 정희영, 정흥홍, 정현숙, 정혜레나, 정한경, 정춘수, 정진영a, 정진영b, 정진규, 정주리, 정종헌, 정종민, 정재학, 정이든, 정은희, 정은주, 정은균, 정유진, 정유숙, 정유섭, 정원탁, 정원석, 정용주, 정예현, 정예슬, 정애순, 정소정, 정보라, 정민석, 정미숙a, 정미숙b, 정명옥, 정명영, 정득녀, 정대수, 정남주, 정광호, 정광필, 정광일, 정관모, 정경원, 전혜원, 전지훈, 전정희, 전유미, 전세란, 전보애, 전민기, 전미영, 전명훈, 전난희, 장주연, 장인하, 장은정, 장윤영, 장원영, 장시준, 장상욱, 장병훈, 장병학, 장병순, 장근영, 장군, 장경훈, 임혜정, 임향신, 임한철, 임하영, 임지영, 임중혁, 임종길, 임정은, 임전수, 임수진, 임성빈, 임성희, 임상정, 임동현, 임덕연, 정명호, 임봉성, 이희우, 이희현, 이효진, 이호진, 이호근, 이혜정, 이혜영, 이혜린, 이현, 이혁규, 이향숙, 이한진, 이하영, 이태영, 이태경, 이치형, 이충근, 이진희, 이진해, 이진주, 이진욱, 이지훈, 이지혜, 이지향, 이지영, 이지연, 이중석, 이주희, 이주영, 이종은, 이정희a, 이정희b, 이재익, 이제운, 이재영, 이재두, 이인사, 이은희a, 이은희b, 이은향, 이은진, 이은주, 이은영, 이은숙, 이은민, 이윤엽, 이윤승, 이윤선, 이윤미, 이윤경, 이유진a, 이유진b, 이월녀, 이원님, 이완용, 이용기, 이용주, 이연, 이영애, 이영주, 이영아, 이연주, 이연옥, 이연숙, 이연수, 이승현, 이승태, 이승아, 이슬기, 이수현, 이수정a, 이수정b, 이수연, 이수미, 이성희, 이성호, 이성채, 이성숙, 이성수, 이선표, 이선영a, 이선영b, 이선애a, 이선애b, 이선미, 이상호, 이상화, 이상직, 이상원, 이상미, 이상대, 이병준, 이병곤, 이범회, 이민정, 이민아, 이민숙, 이미옥, 이미숙, 이미라, 이문영, 이명훈, 이명형, 이동철, 이동준, 이동범, 이다연, 이남숙, 이난영, 이나경, 이기자, 이기규, 이근철, 이근영, 이규빈, 이광연, 이계삼, 이경화, 이경주, 이종은, 이경석, 이경연, 이경엽, 이진희, 이건진, 은희연, 은홍은, 윤지형, 윤종원, 윤영훈, 윤영백, 윤수진, 윤상혁, 윤병일, 윤규식, 유효성, 유재웅, 유영길, 유병준, 위양자, 원지영, 원윤희, 원성제, 우창숙, 우지영, 우완, 우수경, 오충근, 오정오, 오재홍, 오은정, 오은경, 오유진, 오수진, 오세희, 오민식, 오명환, 오동석, 염정신, 여희영, 여태진, 엄장호, 엄재홍, 엄기호, 엄기옥, 양현애, 양해준, 양지선, 양은주, 양은숙, 양영희, 양애정, 양선아, 양서영, 양상진, 안효빈, 안찬원, 안지휘, 안준철, 안정선, 안옥수, 안영신, 안영빈, 안순억, 심은보, 심우향, 심승희, 심수환, 심동우, 심대구, 신혜란, 신종일, 신창, 신진희, 신종복, 신종휘, 신종식, 신준식, 신윤표, 신소희, 신성연, 신미정, 신미옥, 송호영, 송혜란, 송한별, 송정은, 송인혜, 송용석, 송아미, 송승훈a, 송승훈b, 송수연, 송명숙, 송경화, 손현아, 손진근, 손정란, 손은경, 손성연, 손민정, 손미숙, 소수영, 성현석, 성열관, 성보라, 설은주, 설원민, 선미라, 석숙자, 석미화, 서경순, 서지연, 서정오, 서인선, 서은지, 서예원, 서명숙, 서금숙, 서강선, 상형규, 변현숙, 변나은, 백현희, 백승범, 배희철, 배주영, 배정현, 배이상헌, 배영진, 배아영, 배성연, 배경내, 방득일, 방진희, 방영대, 반영진, 박희진, 박희정, 박효영, 박효근, 박환조, 박혜숙, 박형진, 박현희, 박현숙, 박춘애, 박춘배, 박철호, 박진희, 박진환, 박진수, 박진교, 박지희, 박지호, 박지원, 박중구, 박정희, 박정미, 박재선, 박은하, 박은아, 박은경, 박용빈, 박옥주, 박옥균, 박영실, 박연지, 박신자, 박수진, 박수경, 박소현, 박세일, 박성규, 박선영, 박상현, 박복희, 박복선, 박미희, 박미옥, 박명진, 박명숙, 박동혁, 박도정, 박대성, 박노해, 박내현, 박나실, 박기옥, 박고정연, 박경화, 박경신, 박건진, 박건오, 민병성, 문호진, 문윤식, 문영기, 문연심, 문순오, 문순경, 문수경, 문명숙, 문경희, 모은정, 맹우용, 마승희, 류창모, 류정희, 류재향, 류우종, 류명숙, 류대현, 류경원, 도정철, 도방주, 데와 타카유키, 노한나, 노영현, 노경미, 남효순, 남정민, 남은정, 남유희, 남원호, 남예린, 남미자, 남궁역, 나여홍, 나규환, 김희옥, 김홍규, 김훈태, 김효미, 김효규, 김홍경, 김혜영, 김혜림, 김현진, 김현주a, 김현주b, 김현영, 김현실, 김현택, 김헌용, 김해정, 김필임, 김태호, 김태원, 김진희, 김진희, 김진욱, 김지훈, 김지혜, 김지연a, 김지연b, 김지광, 김중미, 김준연, 김주영, 김종현, 김종진, 김종원, 김종숙, 김종성, 김종선, 김정삼, 김재황, 김재현, 김재민, 김임곤, 김인순, 김이은, 김은과, 김은아, 김은식, 김은숙, 김은수, 김윤주, 김윤자, 김윤우, 김원예, 김원석, 김우영, 김용휘, 김용훈, 김용양, 김용만, 김요한, 김영희, 김영진, 김영주, 김영재, 김영삼, 김영미, 김영모, 김연정a, 김연정b, 김연일, 김연미, 김아현, 김순천, 김수진a, 김수진b, 김수정, 김진희, 김소희, 김소예, 김소영, 김세원, 김세탁, 김성석, 김성봉, 김성보, 김선희, 김선철, 김선우, 김선미, 김선구, 김석규, 김서화, 김서영, 김상화, 김상정, 김봉석, 김보현, 김보경, 김병희, 김병훈, 김병기, 김범주, 김민희, 김민섭, 김민선, 김민곤, 김민정, 김미향, 김미진, 김미선, 김문옥, 김무영, 김묘선, 김명희, 김명섭, 김동희, 김동일, 김동원, 김도석, 김다희, 김다영, 김남철, 김나혜, 김기훈, 김기연, 김규태, 김규빛, 김광백, 김광민, 김고종호, 김경일, 김가연, 길지현, 기세라, 금현진, 금현오, 금명순, 권혜영, 권혁천, 권혁호, 권자영, 권유나, 권용수, 권미지, 국찬석, 구자숙, 구원회, 구완회, 구수연, 구본희, 구미숙, 광흘, 곽혜영, 곽현주, 곽진경, 곽노현, 곽노근, 공현, 공진하, 공영아, 고춘식, 고선선, 고은경, 고윤정, 고영주, 고영실, 고병헌, 고병연, 고민경, 고미아, 강화정, 강혜인, 강현주, 강현경, 강한아, 강태식, 강준희, 강인성, 강이진, 강은영, 강윤진, 강유미, 강영일, 강영구, 강순원, 강수돌, 강성규, 강석도, 강서형, 강경모

2024년 10월 21일 현재 750명

※ 이 책의 본문은 재생 용지를 사용해서 만들었습니다.